フリッチョフ・シュオン［著］ 漆原 健［訳］

形而上学とエゾテリスム

Survey of Metaphysics and Esoterism / Frithjof Schuon / Ken Urushihara

春秋社

序文

全著作を通じてわれわれは明示的ないし暗黙裡に永遠の宗教[*1]を扱ってきた。それを一方では覆い隠すと共に他方では顕示せしめる様々な諸宗教との関連において。そして断続的で散発的な言及の仕方にもかかわらず、この原初の普遍的叡智の統一的かつ十分な説明を与えてきたと信じる。しかし永遠の叡智は明らかに汲み尽くし得ないものであり、いかなる本性上の限界も有していない。ヴェーダーンタ[*2]のような体系的表現においてすらそうなのである。さらにこの体系的性格は利点でもなければ欠点でもない。内容によってそれはどちらにでもなり得る。真理はそのあらゆる形態において美しい。事実、体系的でない偉大な教義というものはないし、専ら体系的な仕方でのみ自らを表現する偉大な教義というものもない。

表現され得る全てを余す所なく述べ尽くすことは不可能であるゆえに、そして形而上学的な事項[*3]における反復は誤謬では有り得ないがゆえに、――十分に明晰でないよりも明晰でありすぎるほうがよい――いつもの主題に立ち戻ることができようとわれわれは信じた。まだ語っていない事を提供するか、あるいは既に語った事を有用な新しいやり方で説明することによって。定義上抽象的な教養の根本的諸要素が、事物の本性上多かれ少なかれ限定されているとしても――これはまさしく体系の定義である。なぜなら一つの整った結晶の形態的要素は無数では有り得ないのだから――このことは説明や適用にはあてはまらない。それらは際限がなく、それらの機能は一見したところ十分に具体的ではないように見えることをより良く把握させることである。

もう一つ指摘しておこう。これは多かれ少なかれ個人的な次元のものである。われわれは人がその内容の幼稚さに恥じることなく二足す二は四であると言明する事ができた時代、言葉がまだ意味を持っていた時代、それが言おうとしている事を言っていた時代に育った。心理学や生物学やいわゆる社会学その他を通過せずに初歩的な論理の法則や常識に従うことができた時代、要するに人間の知的備蓄の中に参照点がまだ存在していた時代に。このことによって指摘したいのは、われわれの考え方や論じ方は意図的に古風なものである、ということである。そしてわれわれはあらかじめ次の事を知っている――なぜならそれはあまりにも明白であるからだが――対象としている読者はそのゆえにわれわれに感謝するであろうということを。

形而上学とエゾテリスム　

目次

序文　I

序論——認識論的前提　3

第1部　原理の世界……13

形而上学とエゾテリスム

序論——認識論的前提

教義について語る時、まず第一に人は——そして正当にもそうするのだが——相互に調和する諸概念の提示のことを考える。しかしそれに加えて問題になっている体系の認識論的側面をも考慮に入れなければならない。教義の一部分でもあるこの次元を、われわれは序論という仕方でここで検討したいと思う。

まず始めに、言わば「心の奥底」に埋まっているかのように人間精神に本有的に備わっている諸真理がある、ということを知っておくことが不可欠である。すなわち、それらの真理は諸可能性あるいは潜在性として純粋知性[*1]の中に含まれている、ということである。これらは原理的にして原型的な真理であり、他の全てをあらかじめかたどり決定づける。それらは直観的かつ不可謬的に「覚知者[*2]」「霊的人間」「神智学者[*3]」——これらの言葉の正しい原義における——によって到達され得る。そしてそれゆえそれらはまた言葉の字義的で無垢な意味における「哲学者[*4]」にも到達可能である。例えばピタゴラスやプラトン、そして彼の外面的で事実上科学主義的な観点にもかかわらず、ある程度まではアリストテレスにも。

そしてこれは最も重要な事である。もし純粋知性――内在する霊の直観的かつ不可謬の能力――というものがないとすれば、理性というものもないであろう。なぜなら推論の奇蹟は知性認識の奇蹟によってのみ説明され正当化され得るからである。動物は理性を持たない。なぜなら彼等は絶対なるものを理解できないからである。別の言葉で言うと、人間が言語と共に理性を持っているならば、それはただ彼が原理上、現実なるものの超理性的観照へ、それゆえ形而上学的確実性へ到達できるからである。動物の知性は部分的であり人間の知性は全体的である。そしてこの全体性は、その知性にふさわしい超越的現実によってのみ説明される。

それゆえ唯物論と不可知論の決定的な誤りは、物質的事物とわれわれの生活の通常の経験はわれわれの知性の視野のはるか下方にあるという事実に対して盲目であることである。もし唯物論者が正しいとすれば、この知性は説明不能の贅沢品であろう。絶対なるものがなければ、それを概念を持つ能力は無根拠であろう。絶対なるものの真理はわれわれの精神の実質そのものと一致する。諸々の宗教は、われわれの最内奥の主観性に含まれているものを客観的に現実化する。マクロコスモスにとっての啓示は、ミクロコスモスにとっての知性認識である。超越的なるものは世界に内在しており、そうでなければ世界は存在し得ないであろう。内在的なるものは個体との関係において超越しており、そうでなければそれは個体にすぎないであろう。

人間の知性の視野について今言った事は意志についてもあてはまる。自由意志はその本質的目標の超越性を証明するという意味において。その本質的目標のために人間は創造され、それによって人間は人間である。人間の意志は神に対してふさわしいものであり、それが完全に自由であるのはただ神においてのみ、神によってのみなのである。同様の事を人間の魂についても言うことができよう。われわれの魂は神を証明する。なぜならそれは神的本性にふさわしいものであり、そしてそれがそうであるのは慈悲によって、無私の愛によって、寛大さによって、そしてそれゆえ結局のところ、客観性によって、あるいはわれわれの主観性を抜け出て自分自身を超越する能力によってである。これがまさしく人間の知性と意志を特徴づけるものである。そしてこれらの人間本性の基礎――神的本性の像――に、永遠の宗教そしてそれと共に全ての宗教と全ての知恵は根差しているのである。

「識別する」ことは「分ける」ことである。現実なるものと幻影的なるもの、絶対なるものと偶然的なるもの、必然的なるものと可能的なるもの、自己（アートマン）[*5]と幻影（マーヤー）[*6]を分けること。識別することは、「合一せしめる」ところの「集中」に相補的そして作用的に結び付けられている。「集中」とは――地上的人間的幻影から出発する――絶対、無限、完全なる自己の十全なる自覚である。それに比するものなく、限界なく、欠点なき自己の。ある教会教父達[*7]によれば、「神が人間となったのは人間が神となるためである。」この大胆かつ簡潔な定式をわれわれはヴェーダーンタ的な言い方で言い換えよう。幻影的なるものが現実的なるものになるために、現実的なるものは幻影的なるものになった。幻影が自己を認識するために自己は自らを幻影にした。絶対なるものは、その溢れる完全性において、偶然的なるものを投影し、その中に自らを反映せしめるのである。相互関係の戯れの中で。絶対なるものは、それのみが有るところのものとして、勝利者として、その中から現れ出るであろう。

世界の中には知られるものと知るものがある。自己においては二つの極は一致しており、一方は分離し得ない仕方で他方の中にある。これに対して幻影においては、この一致は主体と客体に分かれる。観点あるいは側面によって、自己は絶対的な「意識」——普遍的な「見者」、純粋な「主体」——であり、または絶対的な「有」[*8]「実体」、純枠にして超越的な「客体」である。それは「現実」として知られ得るものであるが、内在する「知る者」でもある——先ずは位格的[*9]なものから存在的なもの、存在せしめられたものに至る、自己自身の全ての諸可能性の認識者である。

そして人間にとってこのことは決定的に重要である。「全て」の認識は人間の側に認識の全面性を要求する。それはわれわれの思考を越えて、われわれの存在の全てを要求する。なぜなら思考は部分であって全てではないからである。そしてこれはあらゆる霊的生活の目標を指し示している。絶対なるものを心に抱く者——あるいは、神を信じる者——は、思考だけによって実現されたこの知識あるいは信仰のみにとどまることは権利上できないのである。全く逆に彼は彼の全てを現実なるものへの帰依に統合せねばならないのである——まさしく、その絶対性と無限性がそれを要求するごとくに。人間は「彼がそうであるところのものに」ならなければならない。なぜなら彼は「有るところのものに」ならなければならないからである。「魂は、それが知る全てのものである」とアリストテレスは語っている。*10

さらに人間は思考する存在であるばかりではなく、意志する存在でもある。これはすなわち知性の全面性は意志の自由を含意しているということである。絶対なるもののうちにあらかじめそなえられている目的がないとしたら、この自由は無意味であろう。神とわれわれの最終目的についての知識がないとしたら、それは可能ではないし有用でもないであろう。

人間は思考、意志、愛からできている。彼は真理あるいは誤謬を考えることができ、善あるいは悪を意志することができ、美あるいは醜を愛することができる。(1)さて、真なるものの思考――あるいは、現実なるものの知識――は、一方では善なるものへの意志を、他方では美なるものへの愛を、すなわち美徳を要求する。なぜなら美徳とは魂の美にほかならないからである。思想家であるとともに美学者でもあったギリシア人達が、美徳を哲学のうちに含めたのはこのゆえである。魂の美がなければ、あらゆる意志は不毛である。それは卑しく、自らを恩寵に対して閉ざす。そして同様に、意志の努力がなければ、あらゆる霊的な思考は究極的に表面的で実効の無いものにとどまり、自惚れへと導く。美徳は真理に調和した――あるいは適合した――感性と一致する。そしてそれゆえに賢人の魂は事物を高く越えて飛翔し、そのことによって言わば自分自身をも越えて行くのである。偉大なる魂達の無私、高貴さ、寛大さはそれに由来する。全く明らかなことだが、形而上学的原理の意識は、野心や偽善のような道徳的な卑しさと相容れない。「天の御父が完全であられるように、あなたがたも完全な者となれ。[*11]」

人間が知り考えねばならないことがある。そして人間が意志し行わねばならないことがある。そして人間が愛し、そうならねばならないことがある。彼は神が必然的な有であり、それゆえそれ自身で自足しているということ、すなわち神はないことが不可能なものであり、これに対して世界は単に可能なもの、あることもないこともできるものであるということを知らねばならない。他の全ての区別と評価はこの根本的な区別から派生する。これに加えて人間は自分を神から遠ざけるものを避けつつ自分を直接的あるいは間接的に神に近づけるものを意志せねばならない。この意志の主要な内容は祈り、神への応えであり、それは神秘的集中と形而上学的瞑想を含んでいる。最後に、人間は神的な美を例証するもの、より一般的には神の本性に適合する全てを「神において」愛さなければならない。彼は善を愛さなければならない。すなわち規範を、そのあらゆる可能な形態において。そして規範は必然的に自我（エゴ）の諸限界を超越するがゆえに、人間は自分自身の限界を超越するように努めなければならない。規範あるいは原型を、その反映よりも、すなわち偶然的な自我よりも愛することが必要なのである。そして魂の高貴さの全てをなすものは、この自己認識と無私の愛なのである。

善かれ悪しかれ常に提起されてきた疑問がある。形而上学的現実は必ず表現可能であるのか、あるいは少なくとも逆説や不条理によってのみ表現可能な神秘的な状況というものがあるのではないか？　あまりにもしばしば、この議論は神学的教説の欠点を覆い隠すために使われてきた。その主観的不完全性が客体化されてきたのである。ある謎を解くことができないがゆえに人は「人間精神」にはそれは不可能であると宣言し、そして責めは主として——「アリストテレス的」あるいはその他の——論理に帰されるのである。あたかも論理が、合理主義、懐疑、無知の同義語であるかのように。

自然の事物の地平においては必要なデータを入手し正しく推論するだけで十分である。同じ条件は超自然的事物の地平においてもあてはまる。ただこの場合、思考の対象は知性認識——内なる照明——の介入を必要とするという違いがある。なぜなら、もし自然的事物が推論そのものとは独立したある種の直観を必要とするとすれば、超自然的事物はなおのことより高度な直観を必要とするであろうから。それらは感覚には捉えられないものだからである。何度も言って来たように、理性は依拠するデータがなければ何もできないのであり、それらの不在の下では空しく推論することになる。これらのデータは第一にそれ自体としては客観的な世界によって与えられる。第二に先の要素との結合のうちに、それ自体としては主観的な経験によって与えられる。第三に啓示によって与えられる。それは世界と同様、客観的なものである。なぜならそれはわれわれの外部から来るものだから。第四に知性認識によって与えられる。それはわれわれの内で生み出されるゆえに主観的なものである。

脇道に逸れるが、ここで次の言明を挿入しておく権利があるとわれわれは信じる。あらゆる相対主義と同様、実存主義は自己矛盾である。自らを合理主義の偉大なる敵対者であると想像して、実存主義は推論の地位に経験を置く——なぜ推論が存在するのか、あるいはいかにして経験が推論に頼ることなく称揚されうるのか、全く考えもせずに。推論が有効なものであるということを証明するのはまさしく経験そのものであり、そうでなければ誰も推論などしないであろう。そして理性の存在そのものが、この能力が対象を持っているはずであるということを明らかに示している。動物は多くのことを経験するであろうが、彼等は推論しない。一方人間は逆に推論によって多くの経験を避けることができる。推論の経験による置き換えは、実践的地平においては、そして相対的な意味では、なお意味を持ちうるであろう。しかし経験主義者や実存主義者が望むごとく知的思弁的地平においてそれを実行することは、まさしく狂気である。低俗な人間にとっては偶然的なものだけが現実的であり、彼は原理を単純に否定しない場合にはそれを彼のやり方で偶然的事物のレベルにまで引き下げようとするのである。このシュードラの心性はキリスト教神学に侵入し、周知の荒廃をもたらしている。(2)

しかしこの挿話の後は霊的認識論の問題に戻ろう。疑いもなく論理は限界を有している。しかし論理はこの言明を率先して支持するのであって、さもなければこの言明はまさしく論理的でないことになろう。しかしながら論理の限界は事物の本性によるものであって、特定宗派の命令によるものではない。空間や時間の限り無さは、論理がそれを具体的かつ徹底的な仕方で説明することができないという点で、不条理なものに見えよう。しかし、この二つの限り無さが存在するということを認めることは完全に論理的である。そしてこの現象が原理的な無限から由来するということを確信を持って知ることを、いかなる論理も妨げはしない。原理的無限、それはわれわれの思考が探究し得ない神秘であり、それはまさしく空間の広がりや時間的転変あるいはまた数の無限性によって顕現されるのである。同様に自我の経験的唯一性――他でもなくこの自我であり、「それ自身」である唯一のものであるという事実――は、論理によって具体的に説明することはできない。しかしなお論理は、それを抽象的な仕方で表現することは完全にできるのである。必然的なるものと可能的なるものの原理の助けのもとに、不条理性の陥穽を回避することによって。(3)

疑問の余地なく聖典は矛盾を含んでいる。伝統的な注釈はそれらを考慮に入れている。矛盾に気づく論理の権利や、論理的説明へのわれわれの要求を論難することによってではなく、外見上の矛盾を破壊する隠されたつながりを探し出すことによって。矛盾は現実には省略法にすぎないのである。

キリストの知恵が「世の目には愚かなもの」*12 であるとしたら、それは「世」が「あなたがたの内にある神の国」*13 に対立するものであるからであり、それ以外の理由はない。無意味なことを主張する不可思議な権利をそれが主張するからでは決してない。それは馬鹿げたことである。(4) キリストの知恵が「愚か」であるのは、強欲な人間や罪人、誤謬に陥った人間を特徴づける、気を散らし頑なにする外向的逸脱に諂うことがないからである。「世」を作り上げているのはまさしくこの逸脱であり、この逸脱はその飽くことなき科学的哲学的好奇心とともにイブとアダムの罪を永続化しそれを無数に多様な仕方で反復しているのである。(5)

宗教的論争の地平においては、いわゆる超論理的な、しかし実際は客観的に検証不能な「聖霊論」の名のもとに、非論理性の独占所有権を主張し反対論者の初歩的論理に悪魔的誤謬を帰する主張は、明白に受け入れがたい、とわれわれは言明する。なぜならそれは単なる蒙昧主義者の独白にすぎず、同時にまさしくその主観主義によって両刃の剣だからである。あらゆる対話は不可能になり、さらにそのことが相手に改心を免れさせる。なぜなら人間は人間の思考の法則を捨て去ることを主張する教えに負うものは何もないからである。他方において、単なる主観的経験の事実は決して有効な教義的論拠を提供しない。経験が正しいならば、それは常に自らを満足の行くあるいは少なくとも十分な仕方で表現することが可能である(6)。

形而上学的真理は表現可能であると共に表現不可能である。表現不可能であるけれども、それは不可知ではない。なぜなら知性は神的領域に向けて開かれており、それゆえ、あるところのもの全てを含んでいるからである。そして表現可能であり、定式のうちに結晶化される。定式はそれらがそうであるべきところのもの全てである。なぜならそれらは、われわれの精神にとって必要あるいは有用な全てのものを伝えるからである。思考において、言語において、そしてまたその他のあらゆる象徴体系において、形態は本質への扉なのである。

第1部

原理の世界

完全な形而上学の要約

形而上学においては、至高の現実は絶対であり、絶対であることによってそれは無限である、という観念から始めることが必要である。それは増加の余地も減少の余地も無い、あるいは反復の余地も分割の余地も無い、絶対なるものである。それゆえそれは専らそれ自身であると同時に全面的にそれ自身であるものである。そしてそれは、いかなる限定的要素によっても限定され得ない、それゆえいかなる境界によっても果てることのない無限なるものである。それはまず潜在性あるいは可能性それ自体であり、[*1]そしてその事実そのものによって諸事物の可能性、そしてそれゆえ潜在力である。全可能性がなければ創造者も被造物もなく幻影も輪廻[*2]もないであろう。

無限は言わば絶対に特有の豊かさの内在的次元である。絶対ということは無限ということである。一方は他方なくして考えられない。われわれは至高の現実のこの二つの側面の関係を次のようなイメージによって象徴化することができよう。空間においては絶対は点であり無限は延長である。時間においては絶対は瞬間であり無限は持続である。質料の地平においては絶対はエーテル[*3]――根底的な遍在する原初の基体――であり、これに対して無限は一連の無際限な諸実体である。形態の地平においては、絶対は球――単純で完全な原初の形態――であり、無限は多かれ少なかれより複雑な一連の無際限の諸形態である。最後に、数の地平においては絶対は一あるいは単一性であり、無限は数あるいは可能な量の無際限な系列あるいは全体性である。

絶対と無限の区別は現実の根本的な二つの側面、本質性と潜在性を表現している。これは男性的極と女性的極の最も高次の原理的予型である。普遍的放射すなわち神的および宇宙的幻影の両者は、第二の側面である無限から由来する。無限は全可能性と一致する。

「至高善」[*4]は第一原因である。まさしくわれわれが「善」と呼ぶ現象によってそれが自らを現す限りにおいて。それはすなわち現実と善は一致するということである。実際、至高の現実を証するのは肯定的な現象であって否定的、欠如的あるいは転倒的現象ではない。後者は無を――「それが存在するとすれば」――顕現する。そしてそれを一種の間接的で逆説的な点で行うのである――無は実現し得ないが、それにもかかわらず実現への傾向を持つ目的に対応している、という意味において。悪は「不可能なることの可能性」であり、それを欠くとしたら無限は無限ではないであろう。なぜ全可能性はそれ自身の否定の可能性を含んでいるのか――常に再開されるが決して全面的に実現され得ない可能性を――と問うことは、なぜ存在者は存在者であるのか、あるいはなぜ有は有であるのかと問うようなものである。

それゆえわれわれが至高の原理を善、アガトンと呼ぶとすれば、あるいはそれを絶対なるがゆえに無限なる至高善と呼ぶとすれば、それはわれわれが逆説的に現実を限定しているからではなく、あらゆる善はそれから由来し、本質的にそれを顕示し、かくしてそれの本性を啓示するからである。確かに神性は「善悪の彼岸」であると言うことはできるが、ただし次の条件を付け加えることによってである。この「彼岸」は、それ自身において「善」である。それが影や限界や欠如がありえない本質、それゆえ絶対的な善あるいは絶対的な充溢以外のものでは有り得ないものを証しているという意味において。これら全ては説明が困難かも知れないが、理解することが不可能なのではない。世界における善の諸々の異なった顕現は、明白にその源泉を原理的・原型的な差異性のうちに持っており、その差異性の根源は至高の原理それ自体のうちにある。そしてそれは、われわれの諸々の美徳がそれに由来する神的諸性質にだけではなく、——別の側面において——われわれの諸能力がそこに由来する神的位格性の諸側面にも属している。われわれは後でもう一度この事について語ろう。

また至高善の諸側面あるいは諸様態の反響に関連して、われわれは超越と内在の関係についても考察しなければならない。前者は絶対の側面により深く関わり、後者は無限の側面により深く関わる。第一の関係においては神のみが善である。例えば彼のみが美の性質を有する。神的美に比較すれば被造物の美は無である。存在自体が神的有に比すれば無であるように。これら全ては超越の観点から見てのことである。内在の観点もまた神のみが諸性質と現実性を有するという公理から出発する。しかしその結論は肯定的で分有的である。かくして被造物の美――それは美であってその逆のものではない――は必然的に神のものである、ということになろう。なぜならそれ以外の美はないからである。そして他の全ての諸性質についても同じことがあてはまる。そしてそれらの根本にある存在の奇跡についても。内在の観点は超越の観点のように被造的諸性質を無化するのではなく、逆にそれらを言わば神的なものにするのである。

われわれのこれまでの考察の全ては、普遍的顕現[*5]が「何故あるか」、そして次にこの疑問の結果として、悪の問題を喚起する。なぜ相対性が、それゆえ幻影が、その結果として顕現があるのか、という疑問に答えるために、われわれはまず第一にこれまで何度か言及した聖アウグスティヌス[*6]の観念を引用しよう。すなわち自らを伝達することを望むのは善の本性に属する[*7]、ということである。善ということは放射、投影、展開、自らを与えるということである。しかしまた同時に、放射ということは隔たりということであり、それゆえ異化あるいは劣化ということである。太陽の光は空間の闇の中で弱まり消えていく。そしてこのことから、軌道の最後において、悪という逆説的な現象が生じるのである。しかしそれにもかかわらずそれは善を対照によって照らし出す肯定的な役割を、それ自身の仕方で現象的次元の均衡に寄与する役割を持つ。

アーリア的あるいはギリシア・ヒンドゥー的な「普遍的顕現」の観念とセム的[*8]あるいは一神教的「創造」の観念の違いに関する言及がここで必要であろう。前者の観念は存在論的必然性から結果するものとしての世界について、放射あるいはまさしく善の伝達としての世界について言及している。言い換えれば、幻影は至高の原理の無限性から発してくるのである。そして幻影ということはサンサーラ、「輪廻」の世界ということである。[*9] セム的な創造の観念については、それは全体として考えられた世界についてではなく、単一の周期に還元され神の単一の「自由な」行為の結果として考えられた世界について言及している。現実には、われわれがそれに属している被造世界は普遍的顕現のうちの一つの周期にすぎず、この普遍的顕現は無数の周期から成っている。それらの周期はその存在の点に関しては「必然的」であるが、それらの特殊性に関しては「自由」である。全現実は必然性と自由、数学的厳密性と音楽的戯れの織物である。あらゆる現象はこれら二つの原理に参与している。

完全な教義においてなされなければならない第一の区別は、絶対なるものと相対的なるもの、あるいは無限なるものと有限なるもの、自己と幻影の区別である。前者はアプリオリ[*10]に単一の本質、エックハルト[*11]的「神性」（Gottheit）、超-有[*12]を表す。「位格的神」は既に幻影に属しており、彼はそれの「相対的に絶対的な」頂点である。彼は宇宙生成的投影の極限にまで至る相対性の全領域をある意味で包含している。

第二の「質的」で「下降的」な区別は、原理と顕現、神と世界の区別である。原理は絶対および相対性におけるその反映すなわち有あるいはまさしく位格的神を含む。ここにおける区別は「純粋な絶対」と「相対的な絶対」の区別であり、この後者は絶対そのものに対しては相対的であるけれども世界に対しては絶対的である。顕現について言えば、それは原理の中心的反映——ロゴス[*13]、天的、天使的、化身的世界[*14]——から、周辺的な、天よりも下方の、純粋に「自然的」な輪廻的世界にまで広がっている。

第三になされるべき区別-統合は「天」と「地」である。後者は象徴的あるいは類比的な意味に解されるべきものである。天的領域は、一方においては原理それ自体の二つの「段階」、すなわち「純粋な絶対」と相対性に色付けられた絶対とを含み、他方において宇宙の中心において顕現した原理すなわちロゴスを含んでいる。これに対して「地上的」領域は——それがわれわれの地であれ、われわれには必然的に未知のものに留まっている他の類比的な諸世界であれ——われわれが先に言及した純然たる「自然的」世界である。

第四の基本的区別はロゴスを中心に位置付ける。一方においてロゴスは純粋な絶対の下方、「自然な」「俗な」世界の上方に位置し、他方においてそれは「天的なもの」と「地上的なもの」——あるいは「神的なもの」と「人間的なもの」——とを結び付ける。ロゴスは原理のすでに相対的な次元および宇宙的中心における原理の顕現とを含んでいるという事実によって。ロゴスは「創造されざる御言葉」であり、それは「真の人間にして真の神[*15]」である。

この全ては、現実の全領域[*16]は四つの基本的段階を含んでいるということを意味する。まず、原理それ自体、それは「純粋な絶対」である。次に、すでに幻影の中に含まれている原理、それは創造者、立法者、救済者としての神である。そして被造的領域のうちに反映された原理、それは「天的」領域であり化身である。そして純粋に「水平的」で「自然的」な周辺的被造世界。言い換えると、第一に、原理それ自体。第二に、原理のうちにおける顕現の予型。第三に、顕現のうちにおける原理の投影。第四に、顕現それ自体。これは、区分線は観点によって位置あるいはレベルを変えるということである。

絶対なるものと相対的なるものとの関係——自己と幻影の関係——は、三つの状況あるいは傾向を含んでいる。第一に、原理への適合性あるいは「上昇的」傾向。第二に、諸可能性の拡大的肯定、それゆえ「水平的」——あるいは、こう言った方がよければ、「激情的」——存在。そして、第三に、原理への非適合性そしてそれゆえ「下降的」傾向、「無」——「無」は、明白に実在しないものであるが、否定的転倒的な参照点としては可能なものなのである——へ向けての幻影的な運動である。これらはヒンドゥーの教義における三つのグナであり、それは創造されたあらゆるものに浸透しそれらを規制する。

しかしこの諸状況あるいは傾向の階層のみならず、宇宙の中には神的潜在性のうちに内包された肯定的諸可能性の様々な顕現というものが存在する。かくして能動的機能と受動的機能、男性的極と女性的極、そしてわれわれが世界のあらゆるところにおいて出会い、われわれ自身も何等かの程度でそれを有している諸能力や諸性質が存在する。全ての宇宙的諸可能性は、これらの諸原理とそれらの無際限に多様な結合に由来する。

より明白にするためにわれわれは次のように語ろう。第一に、一つの実体の「こちら」側に――そしてある意味において、「絶対」と「無限」の側面の反映として――創造的機能の二元性、あるいは男性的極と女性的極とがある。これは「能動性‐受動性」の二元性であり、そこから全現実のあらゆるレベルにおける類比的な諸機能の全てが由来する。次に、そしてやはりあらゆる普遍的レベル――幻影の神的頂点を含む――において、神的にして普遍的な諸能力の三位一体が存在する。「意識‐力‐愛」あらゆる認識、意志、愛の能力はこの三位一体に由来する。この三位一体の次に、この数的概念化の系列において、根本的諸性質の四つ組が来る。それはすなわち「純粋性」あるいは「厳格さ」、「生命」あるいは「優しさ」、「強さ」あるいは「作用」、「美」あるいは「善性」「平和」「至福」である。これらは類比的に言って「冷‐熱‐乾‐湿」の四つ組であり、それらにはさらに四方位が対応する。

既に見たように三位一体は神的であるとともに被造物的でもある諸能力を含んでいる。知り、意志し、愛する能力。石工組合的な三幅対「知恵、力、美」においては、これらの諸能力はそれらの性質的な側面において表現されている。知恵は認識の内容である。力は意志の美徳である。美は愛の理想的対象である。

ヴェーダーンタ的三幅対「有‐意識‐至福」においては、諸能力はそれらの存在論的本質へと還元されている。ある意味においてそれらは「客体‐主体‐合一」の三幅対である。第一のものは意志を、第二のものは認識を、第三のものは愛を引き起こす。「有」の極サットは潜在的に「力」を含んでおり、そこからそれの意志との関係が生じる。(1) もう一つのヒンドゥー的三位一体は――先のものよりもより根本的でない――トリムールティ、「三つの顕現」である。一方においてそれは三つの宇宙的傾向――上昇的、拡大的、下降的――と関係づけられる。この場合それは階層あるいは「垂直性」を表す。他方において、そしてより直接的に、それは「水平性」の観点に関連している。なぜならそれはほとんど等価で相補的な言葉の体系を示しているからである。シヴァは否定し破壊するという点において暗い下降的な傾向と比較し得る。しかし彼はまた神的側面チット、「意識」――あるいは「認識」――にも関連している。「大いなる幻」マハー・モーハを灰燼に帰するという点においてである。そしてこれは本質的に肯定的な機能である。

要約しよう。原理的諸数――あるいは数的象徴――は、「水平的」であるとともに「垂直的」でもある。それらがあらゆる普遍的レベルにおいて反映されている差異化を指し示すか、あるいは相対性の中へと浸透する投影を指し示すかによって。二元性が水平的な場合、それは「能動的」「受動的」両極を表す。それが垂直的な場合、それは「絶対」「相対」の両段階を、第一に神的領域の中で、第二に宇宙的領域の中で表す。三位が水平的である場合、それはアプリオリに神的な諸能力を表す。それが垂直的である場合、それは宇宙的諸傾向を表す。最後に、四つ組が水平的である場合、それは普遍的諸性質に言及し、それが垂直的である場合、先に述べたように、それは領域の諸段階を――相対性への浸透を――表す。

完全性と投影。全現実の構造はこの二つの言葉で表現される。「水平的」数は神的完全性の分極化に関係し、「垂直的」数は宇宙生成的投影の諸段階に関係する。

ここで至高善の両側面に関して述べておくことが必要であろう。「善」「絶対」「無限」の諸側面によって形成される三位一体を考える必要は無い。むしろ、至高善は絶対であり、それゆえ、それは無限である、と言うべきである。神的善は、その本性そのものによって、「自らを伝達すること」あるいは「放射すること」を「意志する」。そしてこの「意志」は、言わばその本来的本性の中に必然的に予め備わっているのである。

あるドイツの格言によれば、「Aと言う者はBを言わなければならない」（Wer A sagt, muss B sagen）。そしてこれはとりわけ認識についてもあてはまる。神的対象の唯一性は人間主体の全体性を要求する。これが聖なる教義の原理にして鍵であり、それを俗な哲学から区別するものなのである。俗な哲学は人間に思い上がることを求めることはあっても、人間に自分自身を超克することを求めることは決してないであろう。

聖なる教義——言葉の正しい意味における「神智学」——の全体的な要求は、人間知性は定義上客観性と超越の能力があり、そして事実それ自体によって同様の能力を意志と感覚的魂についても含意しているという事実から帰結する。われわれの意志の自由と魂の道徳的本能はそこから来る。そして、われわれの知性がただ神とわれわれの最終目的に関する真理によってのみ十全に人間的なものであるように、われわれの意志もこれらの真理へのその実効的参与によってのみ十全に人間的なものである。そして同様に、われわれの魂はその道徳性、その無執着と雅量、それゆえ真理と道への愛によってのみ人間的なものである。自由意志と道徳的感性はホモ・サピエンスの知性の一部である、ということは、意志的および感情的なこれら二つの能力の参与なくして、結果として生じる十全な形而上学的認識はありえない、ということを意味する。完全に認識すること、それは有ることである。認識の輪はわれわれの人格において、神におけるその死と神におけるその生命において完結する。そして「あなたがたの宝があるところに、あなたがたの心もあるであろう[*17]」。

神的領域の諸次元、諸様態、諸段階

至高の原理は絶対の現実性であり、それゆえ無限の可能性であるという観念は、それのみで十分なものであり得る。なぜならそれは一切を含んでいるから。とりわけ普遍的顕現の必然性を。しかしながら、より総合的でない観点、より幻影に近い観点からは、第三のヒュポスタシス的要素、すなわち完全な性質を考えることができよう。絶対であることによって、原理は無限であり完全である。現実の絶対性、可能性の無限性、善の完全性。これらが神的領域の「最初の諸次元」である。

この領域はまた「諸様態」を含んでいる。知恵、力、善性。すなわち、至高の原理の内容あるいは実質はこれら三つの様態に存しており、それらのそれぞれが同時に絶対であり無限であり完全なのである。なぜなら各々の神的諸様態は定義上神的実体の本性に参与しており、それゆえ絶対の現実性、無限の可能性、完全な性質を含んでいるからである。知恵においては力や善性においてと同様いかなる偶然性も限定性も不完全性もない。絶対であるので、これらの諸様態はないことができない。無限であるので、それらは果てることがない。完全であるので、何も欠いてはいない。

原理は「諸次元」と「諸様態」を有しているばかりでなく、それはまた「諸段階」をも有している。それはまさしくその無限性によってである。無限性は諸原理を相対性の中に投影し、そのことによってわれわれが神的領域と名づける言わば超宇宙的「空間」を生み出す。これらの諸段階とは神的本質、神的潜在性、神的顕現である。あるいは、超-有、創造的有、霊または存在せしめるロゴスであり、このロゴスは全体的宇宙の神的中心をなしている。

必然性と自由、唯一性と全体性。(1) 一方においては、絶対は「必然的」有であり、あらねばならぬものであり、ないことができないものであり、まさしくその故に唯一であるものである。他方において、無限は「自由な」有であり、限界なく、ありうるすべてのものを含み、まさしくその故に全体的である。

この現実は、絶対にして無限であり、必然的にして自由であり、唯一にして全体であり、事実そのものによって完全である。なぜならそれは何も欠いておらず、結果として肯定的な全てのものを有しており、それ自身で自足しているからである。このことは、絶対は、言わばその内在的相補物あるいはそのシャクティ[*1]である無限と同じく、完全性と一致する、ということを意味する。至高善は絶対の実質そのものなのである。

世界においては、諸事物の存在、それゆえそれらの相対的現実性は、絶対からもたらされる。それらの容器、差異性、多数性、それゆえ空間、時間、形態、数は、無限からもたらされる。そして最後にそれらの性質は、それが実体的なものであれ偶有的なものであれ、完全性からもたらされる。

なぜなら完全性、至高善は、先に言及した三つの様態あるいはヒュポスタシス的機能を含んでいるから。すなわち知性あるいは意識あるいは知恵あるいは自己同一性。能力あるいは力。そして善性。善性は美や至福と一致する。至高善を言わば相対性の中に投影するのは、あるいは言い換えれば、相対性、幻影を創造するのは無限性である。至高の諸性質が差異化され、創造し霊感を与え作用する神性すなわち位格的神をもたらすのは相対性のうちにおいてである。そして位格的神から、無際限の諸段階や差異を持ったあらゆる宇宙的諸性質がもたらされる。

絶対ということは現実そして至高善ということである。無限ということはそれに加えて伝達、放射、そしてその結果として、相対性ということである。またそこから差異化、対照、欠如が生じる。無限は全可能性である。自己は自らを無のうちにすら包むことを意志するのであり、それを幻影によって、幻影において行うのである。(2)

善そのものと善の顕現とを区別することが必要である。善そのものは対立者を持たない。しかしそれが顕現された領域すなわち宇宙的領域の中に反映されると、それは特定の善として現れ、そしてこの特殊性は必然的に特定の悪の可能性を含意する。相対的な善は対照の世界においてのみ生み出され得る。

超越性への配慮から、絶対は「善悪の彼岸、美醜の彼岸」である、と言明することはただ一つの意味しか持ち得ない。すなわち絶対は善そのもの、美そのものである、ということである。それは絶対が善性や美を欠いているということではない。さらに、一方において、ある特定の善の顕現の可能性が必然的に悪の顕現を可能にするとすれば、他方において、あらゆる顕現された善は定義上限定されたものであることによって他の顕現された善の可能性を含意する。神のみが唯一である。なぜなら神のみが顕現の外に留まっているからである。

顕現された諸々の善の言わば断片性・不完全性は、性的な愛あるいはより正確にはそれが含意する自然選択において明白な仕方で現れる。ある特定の限定された善――その美質の側面のもとに見られた特定の個人――は、もう一人の特定の限定された、しかし相補的な善によって自らを完成することを求め、かくしてそこにおいて断片が合一する新しい存在者を作り出すことを求める。この新しい存在者もまた当然ながら限定されている。なぜなら彼もなお顕現の中に含まれているからである。しかし彼は、自然選択の特定の意図の観点から見れば、より限定されていないし、個人を超越する傾向を持つ愛の観点――内在的にはその霊的魔術によって、外在的には新しい存在者の合一的創造によって――から見ればより限定されていない。このように人間は自分自身を探し求め、自分自身の全体性を、神の似姿を探し求めるのである。そして自分自身を求めることにおいて彼は無意識あるいは意識的に神を求めているのである。自らを束縛しあるいは解放しつつ。

絶対においてはいかなる差異化も存在しない。なぜなら差異化は定義上相対性に、幻影に属するものだからである。無限と善――あるいは無限性と完全性――は絶対に属している、という反論に対しては次のように答えよう。これらの諸側面あるいは諸次元の分離は主観的なもの、われわれの精神のうちにあるものであり、一方絶対においてはこれらの諸側面は差異化されていないのである――それらの内在的本性の点においては現実的であり続けながらも。

本質においては――「純粋な絶対」においては――知性、力、善性も同様に、互いのうちにあるのであって、分離して併存しているのではない[3]。それゆえわれわれは、絶対は――あるいは絶対＝無限＝善は――知性である、あるいは力である、あるいは善性である、と言うことができる――それらの内在的にして純粋に原理的な現実性において。知性に関して言えば絶対は自己でありアートマンという言葉によって表現される。この観点からは絶対は主体それ自体であり真の唯一の主体である。外在的にそして幻影と結合して、この主体はあらゆる可能な諸主観性の根源となり、内在する「神的自己」となる。力に関して言えば、絶対は「絶対的に他なるもの」であり、超越者であるとともに原理的な全能者である。外在的にそして幻影と結合して、それはあらゆる行為それ自体の内在的行為者である――しかし、それらが意図あるいは形態である限りにおいてではない[4]。最後に、善性あるいは美について言えば、絶対は至福と一致し、外在的にそして幻影と結合して、それは寛大な「父」であるとともに憐れみ深い「母」でもある。それ自体において無限に恵み深く、それは存在と存在の諸々の善を与える。それはその本質においてそれであるところのもの全てを与えるのである。

無限は、無数の諸可能性の言わば圧力――あるいは溢出――によってもたらされたその放射によって、絶対の実質すなわち至高善を相対性の中に転位する。この転位はアプリオリに善の反映像すなわち創造する有を生み出す。絶対と一致する善は、このようにして相対性の方へと延長され、最初に諸々の原型を内包する有を、次にそれらを無際限に多様な仕方で、さまざまな宇宙的周期のリズムに従って顕示する存在を生み出す。

絶対は「ないことができない」ものである。そして有の必然性は「それでない」全てのものを排除する。類比的な、しかし言わば反転した仕方で、無限は「全てでありうる」ものである。そして有の自由は「それである」全てのものを内包する。すなわち、可能である全てを。この「全て」は、まさしく限界がない。言い換えよう。神のみが必然的有である。彼においては何も偶然的なものはなく、さらに当然ながら恣意的なものは何もない。反対に彼の外においては偶然的な諸存在者しかない。また神のみが自由な有である。彼においては外からのいかなる決定づけあるいは強制もない。反対に彼の外においては彼が決定づける諸存在者しかない。一方においては、ある存在者は、あることもないこともできる、それがその偶然性である。他方においては、ある物の存在は唯一つの可能性、まさしく他ならぬこのものの可能性しか含んでいない――そしてそこにその限定性がある。一方で神の有は可能なもの全てを含んでいる。

あるいはまた次のように言うこともできよう。神はその本性によって、それゆえ必然性によって、創造「せねばならない」が、その自由の力によって望むものを創造することは「自由である」。創造はそれ自身においては必然的であるが、その様態においては神は自由である。言いかえると、神は望むものを創造することにおいて「自由である」――そして神は自らの本性に適合するものしか望み得ない――が、事物の論理に従わ「なければならない」のである。神の活動はその法則、構造においては必然的であるとともに、その内容においては自由である。

存在は有の配下にあるが、一方、有は超-有の配下にある、あるいは従属している。別の言葉で言えば、世界は神の配下にあるが、神は自身の本質、「純粋な絶対」、幻影の痕跡のない自己の配下にある。神は世界においていかなることでもなしうる。しかし神は自身の本質あるいは本性が「指示」することの他は何もなしえず、それ以外のことを意志し得ない。神は「意志する」ままにあることはできない――神は自らがそうであるところのものしか意志することがない、という意味を除いては。そして神は至高善である。

確かに創造者たる神は創造された世界の絶対的支配者である。しかし自己は幻影の絶対的支配者であり、創造者は幻影に属する。なぜならその中において神は自己の直接的にして中心的な反映であるから。

超-有は――仮にこのように表現するとすれば――「それ自身のレベルにおいて」有がそれ自身のレベルにおいて持っているものとは別の意志を持ち得るということは、有の特定の側面、あるいは、ある特定の「神の名」が、有の他の側面とは異なった意志を持ち得るという事実と同様に、何等矛盾したことではない。例えば「寛大なる者」は「復讐する者」によって意志されることとは別のことを意志し得るし意志せねばならない。神的領域における「垂直的」差異は「水平的」差異と同様に一性に反するものではない。立法者としての神は罪を意志しないが全可能性としての神はそれを意志する――もちろん全く異なった観点からであるが――ということは、神の正義は神の慈悲のそれとは異なる目的を持ち得るという事実と同様にもっともなことである[5]。

「神は意志することをなす。」きわめて逆説的なことに、絶対的な超越性を指し示し、――創造し啓示する有の言語によって――測りがたい超‐有に、したがって神の超位格的本質に言及するのは、この表現やこれと類似のクルアーンにおける表現[6]なのである。あらゆる説明、あらゆる論理的道徳的満足を排斥する表現の逆説そのものが、位格的神的主体の領域を超越する現実をほのめかしている。外見上の恣意性は、ここでは形而上学的明確化への道を開いている。実際のところ表現のとらえどころのなさが深遠性への鍵なのである。ここにおける言葉の機能はハンバル学派[*2]やアシュアリー学派[*3]やその他の神学者の――かなり粗い誇張に傾きがちな――解釈の反転である。「神は意志することをなす」とは、結局のところ「神はお前が考えるようなものではない」あるいはむしろ「お前が理解できるようなものではない」ということを意味する。すなわち、単一の主観とそれによって単一の意志を持った神人同形論的存在ではない、ということを。

　神は自らがそうであるところのものを意志することができる。神は自らが意志するところになることはできない。この第二番目の言明に関して、神はまさしく自らの有が排除するところのものを何も意志し得ない、ということを考慮すれば。ここで次のことを指摘しておく必要がある。ある側面においては神は絶対的な善である。しかし他の側面においては、すでに指摘したように言葉の解釈によっては、神は「善悪の彼岸」である。一方において、必然的に神は存在するあらゆるものの原因であるという意味において――なぜなら全現実にはそれ以外の原因はないのだから――神は善であり、そして存在そのものは、その両方の側面において見ることができるけれども、善でも悪でもない。「至高善」に比べれば、全世界は一種の「悪」として現れる。なぜならそれは神ではないのだから――「なぜあなたは私を善いと言うのか?」[*4]――しかしまた別の側面においては「神はそれを良しと見給うた」[*5]すなわち世界は神的顕現として善である。そしてこのことは一方において神は「善」であるとすれば、また一方において神は「善悪の彼岸」[7]である、ということを明白に示す。後者の側面においては――そしてその側面においてのみ――問題となっている区別は神にとっていかなる意味も持たないし、それゆえ人間的道徳は神に関わらない、と言うことができる。

神的領域は――このように表現できるとすれば――知恵、力、善性から成り立っている。これらのヒュポスタシスのそれぞれが絶対、無限、完全である。それに加えて、この領域は現実の三つの段階を含んでいる。すなわち、超-有、有、存在である。ここにおいて存在とは、宇宙的存在の全体ではなく、神的顕現すなわち、有の宇宙的領域における直接的中心的反映[8]である。かくして神的領域は自らがそうであるところのものであることをやめることなく、宇宙の中に入る――宇宙も自らがそうであるところのものであることをやめることはない。そしてこれはまたロゴスの神秘、化身の神秘、「真の人にして真の神」である人間的テオファニー[*6]の神秘である。

区別された諸性質への分極化は「有」の段階において始まり、「存在」の段階以降さらに分明になる。神的諸性質の中で、厳格性、正義、怒りを顕示するものは、最終的にはとりわけ「絶対」の極に由来する。絶対はそれ自体においては極ではないが、そのシャクティである無限性がそれと区別して見られる時にはそのように現れるのである。これと相関的にまた相補的に、優しさ、憐れみ、愛を顕示する諸性質は類比的な仕方で「無限」の極に由来する。これはイスラーム的な「威厳」（ジャラール）と「美」（ジャマール）の区別である。しかし「義」と「憐れみ」は共に「聖」である。なぜなら神は一であり、特定の性質によってではなくその本質によって聖だからである。

正義あるいは厳格は「絶対」の極に由来するゆえに、ないことができない。かくして宇宙においては、その顕示を許容する支持物がなければならない。「無限」の極に由来する寛容あるいは優しさについても同様である。それはその作用のために受容者として奉仕する被造的諸要素によってのみ自らを顕示することができるのである。これは怒りの器と恵みの器に関するパウロの教義を[*7]、それゆえ予定を想起させる。予定とは、ある所与の存在的可能性の実体にほかならない。

全可能性は、そのヒュポスタシス的レベル[(9)]がいずれであっても、その静的であるとともに動的な無限定性において、「空間-時間」の対を、あるいはより具体的にはエーテルとその振動力の対をあらかじめかたどっている。エーテルはわれわれの物質的世界において「物質-エネルギー」の対をあらかじめかたどっている。ここで空間的虚無は現実にはエーテルであるということを思い出しておこう。すなわちそれは相対的にして象徴的な意味での虚無なのである。同様に言わば時間的虚無——変化あるいは動きの不在——は、現実にはエーテル的要素の潜在的エネルギーである。なぜなら絶対的な無力性なるものは存在しないのだから。具体的な空間は基体であり、あるいは諸基体のうちの第一の基体である。そしてこの基体は振動、あるいは他の全ての振動の媒体となる振動である。もし経験的な空虚が、原理のみがそうでありうるように絶対的なものであるとしたら、それは純然たる無となろう。そしていかなる広がり——時間的あるいは空間的な——も不可能になろう。なぜなら、ある無を他の無に足すことはできないからである。かくして点は線を——あるいは瞬間は時間を——具体的に生み出すことはできなくなるであろう。ただ基体のみ——定義上エネルギー的あるいは振動的な——が、静的あるいは動的な内容の媒体となりうるのである。

確かに単なる容器としての空間は空ろで生命をもたないものである——ただしそれはその側面を相対的で部分的な仕方でのみ実現しているが——けれども形態的顕現の場としては、それゆえその完全な本性においては、それは充溢であり動きである。そしてそれが事実、天体の無い完全な宇宙というものがなく、変化や移動のない天体というものがない理由なのである。もし空間が、奇蹟によって諸々の形相を含んでいる、基体性とエネルギーを欠いた空虚にすぎないならば、それは単なる結晶の博物館となろう。われわれは「奇蹟によって」と言う。なぜなら絶対的な虚無は、無であるので、何物も容れることができないからである。

これは必然的にそうなのである。なぜなら神的可能性は顕現に対する関係においては空であるけれども、それ自体においては充溢、生命だからである。(10)

実体——主体と客体*1

神的実体は、その諸次元のうちの一つの力によって、世界をその多様性とともに顕現することを「意志」「せねばならなかった」がゆえに、同時にそれはこの世界とその多様性の目撃者をも顕現することを意志せねばならなかった。さもなければ宇宙は盲目の岩石に満ちた知られざる空間となり、多様な側面のもとに知覚される世界ではなかったであろう。客体があるところには主体もなければならない。事物の目撃者である諸々の生物は被造世界に不可分的に属しているのである。その展開において幻力のヴェールは虚空の中に知り得る諸事物のみならず、さまざまな段階における認識の能力を持った諸存在者をも散布した。これらの認識の諸段階の頂点は、少なくともわれわれの世界に関する限りは、人間である。そして彼の存在の充足理由は事物を見ることである——ただ客観性、統合、超越の能力を持った知性のみがそれらを見ることができるように。

実体は世界を顕現することを「意志」「せねばならなかった」、とわれわれは語った。さて、神においては「意志すること」と「せねばならぬこと」は一致する——もしこれらの言葉のそれぞれを、自由と必然性の意味に解するのであれば——前者の完全性は無限性に関係し、後者の完全性は絶対性に関係する——なぜなら神においては強制も恣意性もないからである。しかしながら、ほとんどの神学者達には、神はその意志が無根拠である場合にのみ完全であるように見える。彼等の精神においては、神の活動のあらゆる動機を人間は把握することができないという主観的な事実が、客観的な神の性質に相当しているように見える。別の言葉で言えば、それは実際上、神には恣意と暴政の権利があるということを意味している。しかしこれは明白に、美と至福と同様に根本的善性をも含意する神の完全性に反している。

「わが憐れみはわが怒りに先立つ」[*2]というクルアーンの一節は、非常に重要で根本的ですらある宇宙論的適用を——マクロコスモスの観点のみならずミクロコスモスの観点からも——許容する。「怒り」あるいは「厳格」は絶対的実体には属していない。それは「諸エネルギー」の段階に属しており、われわれをとりまくあるいはわれわれの内にある形態的世界においてのみ介入する。人間がこの層を貫き上位の層へと進むならば——「神の国はあなたがたの内にある」[*3]——彼は厳格の支配を逃れる。人は氷を砕かなければならないのであり、それは神の助けによってのみ可能である。魂がその奥にある水に到達すれば、それ以上に突破することはできない。外面性の喧騒の後には内面性の静寂が続くのである。それは「続く」が、現実にはそれはわれわれよりも以前にある。始まりも終わりもない流れの中に入るように魂はその中に入る。それは静寂の流れであるが、また音楽と光の流れでもある。

だが虚空に諸事物とそれらを認識することができる諸存在者を散布する幻力のヴェールに戻ろう。客体があるところには主体もある。そしてそれが、有において客体的で受動的な極すなわち原理的質料プラクリティ[*4]と、主体的あるいは能動的な極、顕示し決定づけ差異化する霊すなわちプルシャ[*5]がある理由である。そして同じことは必要な変更を加えて（mutatis mutandis）全現実のあらゆるレベルにおいてあてはまる。しかしながら実体は自己であるという観念――自己、それは無限にして絶対なる主体[(1)]であり、その客体は一方においてはそれ自身の無限性であるとともに他方においてはその普遍的展開である――から出発するならば、いかなる存在論的レベルにおいても主体と客体への分裂はない。常にただ、対象化あるいは外在化のさまざまな段階における一つにして同じ主体があるのみとなろう。なぜならこの場合においては、主体は相互補完的な極の一方ではなく、単にあるところのものだからである。それにもかかわらずわれわれがそれを「主体」と呼ぶとすれば、それは自己が、超越すると同時に内在する絶対的見者であって、汎神論者や理神論者が想像するような無意識でありながらエネルギーを持った実体などでは決してないということを表現するためである。さらに愛の合一において起こるように客体の知覚があまりにも強いので主体の意識が消滅する時には客体は主体となる。しかしこの場合「主体」という言葉は定義上断片的である相補物としての意味をもはや持っていない。逆にそれは意識的であるがゆえに主体的であるとわれわれが受け取る全体性を意味している。

われわれが客体的現実に強調点を置く時――この場合、客体的現実は主体と客体の関係において先行する――主体は客体となる。それは次のような意味においてである。主体は客体によって全面的に決定づけられて、意識の要素を忘却するのである。この場合においては、断片的なものとしての主体は全体的なものとしての客体に吸収される――実体に偶有性が統合されるように。しかし全てを主体に還元するもう一つの見方は、客体に第一義性を与える観点に先行する。われわれが神を崇拝するとすれば、それは神がわれわれに対して目の眩むような圧倒的な大きさをもった現実として自らを現すためであるばかりではない――さもなければわれわれは星や星雲を崇拝するであろう――そうではなく、何よりもまず、このアプリオリに客体的である現実が、あらゆる主体の中で最も偉大であるからである。彼がわれわれの偶然的な主観性の絶対的な主体であるからであり、全能、全知、本質的に憐れみ深い意識であるからである。主体それ自体は客体それ自体に先立つ。星空を認識できるある生物の意識は、そのように認識された空間や星々以上のものである。感覚はわれわれ自身よりも優れた主体を知覚できるという反論は無価値である。なぜなら感覚は常に客体的な外観だけを知覚するのであって、主観性そのものを知覚するのではないからである。世界においては、アプリオリに潜在的である客体的要素が、それらを知覚によって現実化する能力を持つ主体的要素に先立つ――創世記はこれを証する。これに対して原理的領域においては、主体的なものが客体的なものに先立つ。これを世界はまさしく反転した意味で模倣している。なぜならそれは言わば反射する水面のようなものだからである。

不二一元論の見方によれば、「客体的」要素は常に「主体的」要素に対して内在的である。それゆえ諸事物は――その偶然性のゆえに客体となる限りにおいての諸々の主体を含めて――それらを明白に超越している主体の想像あるいは夢である。例えば形態的世界は、この世界を包みそれに浸透している特殊化された神的意識の夢である。ヒンドゥー教徒達はあまりにも容易く――ただ省略法によるものだとしても――世界はわれわれの精神のうちにしか無い、と断言する傾向がある。これは独我論的誤謬すなわち想像することによって世界を創造するのはわれわれであるという考えを想起させる。しかし想像する主体は明白に被造物ではない――被造物はそれ自体宇宙的な夢の一つの内容にすぎない。そうではなく、主体は世界を夢見る者である。それはブッディ*6、自己の投影、「大天使的意識」――このような表現がお望みであれば――である。個体は単に自分自身の思考を想像するにすぎない。彼は神々の思考の前には無力である(2)。

物質的世界を創造してから、神はその中にそれを知覚する能力を持った諸主体を投影し、そして最後に、それを全体的に知覚することのできる、すなわちその原因あるいは実体との関係において世界を知覚することのできる人間を派遣した。その結果として、あらゆる伝統的教義が証言するように、人間は諸事物の尺度である。空間的に言えば、人間は――パスカル*7の用語によれば――「無限に大きなもの」と「無限に小さなもの」の間に位置している。それゆえ区分線を作り出すのは客体的な世界の性質ではなく人間の主観なのである。星々の空間の中でわれわれが卑小であると感じるとすれば、それはただわれわれの感覚をすばやく逃れる小さなものよりも大きなもののほうがわわれわれにとってより近づきやすいためである。そしてそうであるのは、人間に対する関係において神の無限性と超越性を反映するのは大きなものであって小さなものではないからである。しかしこれら全てもなお象徴にすぎない。なぜなら、さらにより現実的な仕方において、人間はこれよりも無限に重要な二つの次元、すなわち外なるものと内なるものの間の結合点であるから。人間がほとんど神的であるのはまさしく絶対それゆえ無限への道を開く内面性の次元によってである。(3) 人間は主体であると同時に客体である。彼は彼が知覚する世界に対しては主体であり、彼が心に抱く見えざるものに対しても主体である。しかし彼は「本来の自己」に対する関係においては客体である。経験的自我は純粋主体あるいは自我原理の内容であり、それゆえその客体である。そして内在する神的主体に対する関係においてはなおのことそうである。そしてそれが最終的にはわれわれの真の「自己」なのである。このことはわれわれを次の不二一元論的疑問へと導く。「私とは何か？」――この疑問はシュリ・ラマナ・マハルシ*8によって一般に知られるようになった。私はこの肉体でもないし、この魂でもないし、この知性でもない。ただ残るは自己のみである。

かくして人間は――言わば定義上――外面的なものと内面的なもののいずれかを選択するように呼ばれているのである。外面的なものは圧縮的散乱と死であり、内面的なものは拡大的集中と生命である。われわれと宇宙空間との関係は、外面的なものの敵対的本性を象徴的に表現している。自らを惑星的空間へ――事実においてあるいは原理において――送り出すことによって、人間は上下も果ても無い冷たい絶望的な死の闇の中に閉じ込められるのである。さらに同じ事は、人間を存在論的に支配する均衡の法則に照らして、人間にとって通常の限界を越えるあらゆる科学的探究についてもあてはまる。(4) これと対照的に、人が内面的なものへと向かう時、彼は彼を喜び迎え平和を与える限り無さの中へと入る。それは実際のところ容易には到達しがたいものであるが、根本的に幸福なものである。なぜなら、その代償はいかなるものであれ、人間が完全に自己自身の本性と適合するのはただ神化する内面性によってのみであるからである。人間的状態の逆説は、われわれ自身を超越するという要求ほどわれわれに反するものは何も無く、またこの要求の本質あるいはこの超越の果実ほど根本的にわれわれ自身であるものはない、ということである。あらゆるエゴイズムの非論理性は、自分自身になろうと望むことである――そうなることを全く望まずに、すなわち経験的自我とその欲望を越えることを全く望まずに。あるいは、あらゆるものを自分自身に結び付けることである――内面化されることなく、すなわち自分自身を自己へと結び付けることなく。(5) あらゆる人間的不条理はこの矛盾に存する。

解放する内向性あるいは内面化の必要性は、実体の概念そのものから帰結する。あるいはより正確には、この概念に対するわれわれの理解から帰結する。それは、一性の観念は、そのあらゆる帰結とともに受け入れられるならば、すなわち信仰の真摯さに従って受け入れられるならば、解放をもたらすということである。(6) 一なる実体――それゆえ唯一にして全体的な――の本性を把握することとは、まず第一に一つの思考である。それは主体と客体の間の相補的な対立である。しかしこの二元性は一性の思考の内容そのものに反する。一なる現実を対象化することにおいて、われわれはそれを正しく把握していない。それは円であると誤って考えられた正方形にではなく、球と同一であると考えられた円にたとえることが可能な誤謬である。それは次元的な誤謬であって本質的な誤謬ではない。球のみが有効な領域においては、円はほとんど無効である。それは球の射影であり、真理が現実と同一視されるように、二次元の中では球と同一視されるけれども。

思考のレベルにおいては、実体は確かに概念化され得るが、到達されることはできない。それゆえ少なくともある側面においては、思考は不完全で仮の近似にすぎない。このレベルでは一性の理解は言わば道半ばで止まるのである。一なる実体の真理は心臓[*9]においてのみ悟られ得る。そこにおいては認識する主体と認識される客体との対立は超越される。あるいは別の言葉で言えば、そこではあらゆる客体化——定義によって限定的な——は、無限の主体そのもののうちに、その無限定の源泉へと還元されるのである。超越的な実体の客体的な顕現は、それに対して断絶している。意識と内在する実体の間に潜在的にせよ実効的にせよ連続性があるのは、心臓においてのみである。

同じことを繰り返す危険を冒して別の言葉で言おう。神的実体は主体と客体の二極性を超えているけれども、あるいは神的実体は絶対的な主体であるのでそれ自身の客体であるけれども、われわれはそれを必然的に客体的な現実として概念化するということである。たとえそれが超越的あるいは抽象的であっても。そしてこの概念は、形而上学的には首尾一貫したものであっても、不完全であり、ある意味で不適切なものなのである。まさしくそれが主体と客体の分離を含意するという理由によって。それゆえそれは絶対的に単純で分極化していないその内容に真には適合していないのである。区別的なあるいは精神的な意識から、合一的なあるいは心臓的な意識への移行は、思考の内容そのものの結果である。われわれは、絶対、無限、本質、実体、一性の概念が意味することを不完全に理解し、概念で満足する――これは世俗の通常の意味での哲学者達がやっていることである――か、またはこれらの概念を完全に理解し、それらがその内容そのものによってわれわれに義務づけるように、心臓の深みの内に現実を探し求めることによって概念的な分離性を超越するか、そのいずれかである。冒険としてではなく、伝統的な手段の助けによって。それなくしてはわれわれは何もできず、いかなるものに対する権利も持ってはいないのである。なぜなら「私とともに集めない者は散らす者である」[*11]から。超越的にして排他的な実体は、しかるのちに内在的で包括的なものとして自らを現す。

神は有るもの全てであるので、われわれはわれわれの全てをもって神を知らなければならない、と言うこともできよう。そして無限に愛すべき方――なぜなら彼によらずに愛され得るものなど何もないのだから――を知ることは、彼を無限に愛することなのである。[(7)]

神的性質としての創造

ヒンドゥー教徒達とギリシア人達によれば、世界は存在論的に必要な神の顕現であり、そしてそれゆえ神の永遠性に参与しているという意味において神的性質に相当する。この顕現は常に新しく様々な「諸創造」の連鎖からなるリズムを本質的に含んでいるという事実にもかかわらずそうである。創造者と同様に、この連鎖は始まりも終わりも持たない。そのことは、宇宙は無常の「諸創造」の永続的な周期として、あるいは時間的諸世界の「共永遠的な」周期として捉えられるということを意味している。

キリスト教徒を含めた一神教徒のセム人達によれば、世界はこのような共永遠性の側面を持っていない。それは神的本性の必然性からではなく、神の自由な行為から生じる。それは存在しないことができるもの、そして始まりを持つが終わりを持たないものである。なぜなら神がそう決めたからである。この謎の説明は以下の通りである。セム人達は、形而上学者である前に「人間主義者」そして道徳主義者であり、一つの周期しか考慮に入れていない。それゆえ彼らは唯一の創造のみを受け入れることにおいて正しいのである。そしてそれゆえ神と共に永遠であるような宇宙的な顕現全体は、彼らのものの見方が一種の「人間的状態のナショナリズム」であるという事を考慮するならば、秘教の次元を除いては彼らの関心事とはなりえない(1)。

すでにわれわれが示唆したように宇宙的なそして共永遠的な顕現は必然的なものである。なぜなら神は必然的なものだからである。一方、特定の「創造」は自由なものである。なぜならそれは「顕現そのもの」ではなく、「ある顕現」だからである。神は実際彼の「表現の様態」においては自由である。しかし言わば彼の「あり方」についてはそうではない。そして自由の完全性と必然性の完全性は両方とも神の本性のうちに見いだされなければならないのだから、このことは必然的にそうなのである。必然性のうちに強制を見る、そして自由を恣意性と、それゆえ原理の不在と無意識のうちに混同している神人同形論的神学者達には気に入らないことであろうが。

実際神は「この」世界を創造することを義務づけられることはない。すなわち、これらの鉱物やこれらの植物やこれらの動物を。しかし彼の本性そのものによって神は「世界そのもの」を創造することを義務づけられる。すなわち神が「善」であることによって要請される放射の力によって。

おそらくわれわれはすでに定式化した命題をその教義的な重要性の故にここで繰り返すべきであろう。至高の原理は絶対であると同時に無限であるという観念から出発してわれわれは、それは絶対であるから唯一の現実であり、そして無限であるから全可能性である、ということをここで明確に述べておこう。さて、その顕現において絶対は存在によって、そしてそれを具体化する諸実体によって自らを表明する。無限は相関的に空間と時間によって、そしてそれらの内容の無際限の多様性によって自らを表明する。善そのものはこれらすべてにおいて、肯定的な現象――生物であれ、事物であれ、能力或いは性質であれ――によって自らを顕現する。そしてそれは、間接的にそして対照によって、それゆえ欠如的で対照的な仕方で否定的な現象によって顕現される。それは神的源泉からの疎隔を表す。その疎隔はまさしく顕現的なあるいは創造的な放射によって、それゆえ宇宙生成的な過程によって引き起こされたものである。

あるいはまた次のように言う事もできよう。一という数や幾何学的な点、円と球は、絶対を顕現する。すなわちその絶対性の側面における善を。これに関連して数の無際限の系列や複雑な幾何学的形態は無限を顕現する。すなわち無限性の側面における善を。しかしながらこの系列の中で絶対の痕跡は常に新しく自らを表明する。数や平面図形や三次元の諸形態によって。それらはそれぞれ一性や点、円と球を反復する。一つだけ例を挙げよう。数的な系列においては、可能性の拡張の中で一性への最初の帰還を印す三という数が存在する。

善はその本性そのものによって自らを伝達するというアウグスティヌスの考えは、根底においてプラトン的なものである。この考えは自明である。なぜならプラトンによれば、絶対は定義によって「至高の善」、アガトンだからであり、そして善ということは放射あるいは顕現ということだからである。そしてそれがイスラームにおいて神の二番目の名前が「慈愛あまねき者」（ラフマーン）[*1]である理由である。神が世界を創造したのは彼の慈愛の力によってであり、ハディースによれば彼は「隠された宝」であり、そして「知られることを欲した」。*2 ヴェーダーンタにおいては「至高善」の観念は、サット、チット、アーナンダ、「有」「意識」「至福」の三幅対から生じる。三番目の用語は全可能性そしてそれゆえ放射と一致する。もしマーヤーがなければ、アートマンはアートマンではないだろう。

セム的な創造主義において決定的な点は神が世界を「無から」(ex nihilo) 創造したという観念である。この主題についてわれわれは以下のことを述べる。ただ全く人工的な論理によって、無からの創造 (creatio ex nihilo) という表現における「から」(ex) という言葉が、あたかもそれが、無が暗黙のうちにひとつの「物」、それゆえ不条理にも創造の前に「先在」している何らかの物であることを示しているかのように考えられている。現実には、「から」という言葉は、ただ言語の構造にのみ属しているのであり、それゆえそれはそのような考えを証明することはできない。言語は存在するものを説明するために作られているのだから、存在しないものに対して適切であるような文法的手段を言語に要求することはできない。無 (nihil) という言葉は、実在あるいは現実の不在を意味する。そしてそれが全てである。それは完全に明白であり、そして無が「物」あるいは「対象」としての役割を演じる危険性を前もって排斥する。神は無から世界を創造した、とは、すなわち神はそれをいかなる先在する要素から取り出したのでもないということである。さて、無はいかなる意味でも「先在する」ことはあり得ない。なぜならそれはまさに存在しないものを意味す

るからである。(2)

われわれはこのことを強調しておかなければならない。「存在しないもの」が単語であること、それゆえ存在する何かであるという事実は、思考することができるいずれかの人間によって存在しないものが存在するものとして理解され得るということをいかなる意味においても意味しない。「神は無から世界を創造した」ということは、「から」という言葉にもかかわらず、人間が何らかの器具や芸術作品を作るときに材料を用いるようにして、神が「無」から「何らかのもの」を取り出したということを意味しない。それは無という言葉が意味するものはそれが用いられるものであるということを、そして聖霊は第一にその意味で使ったと、人は極めて自然に理解するからである。もし聖霊が、無という言葉が文字通りに理解されることを望まなかったのであれば、聖霊は別の言葉を用いたであろう。(3)

それゆえアプリオリにニヒルという言葉は「無」を意味する。しかし、アポステリオリには、*3 そして秘教的な解釈によれば、同じ言葉は、現実ではあるけれども世界のレベルにおいては存在していないものを意味することができる。そしてこの「現実」とは神以外のものではありえない。(4) なぜなら、世界が「何らかのもの」として定義されるならば、この「何らかのもの」ではない神は、「無」であるように見えるからである。われわれはニヒルという言葉の二つの意味の間の区別を次のように表現することもできよう。一つは字義的でそして必然的なものであり、そしてもう一つは転義的でそれゆえ可能的なものである。言葉の本来的な意味から言えば、ニヒルは、無であるので、言わば存在「より下」のものを意味する。秘教的な解釈によれば――それは言葉の本来的な意味を侵害しているが――ニヒルは逆に、原理的でそれゆえ顕現されていないものであるので、存在「より上」にあるもの、すなわち顕現よりも上にあるもの、そしてその結果として、不条理にも顕現のレベルからは「無」であるように見えるものを意味する。

　肯定的に言えば世界は御言葉（ロゴス）によって創造される。それゆえ無からの創造は御言葉による創造（creatio per Verbum）に道を譲る。「すべてのものは彼によって作られた。彼によらずに作られたものは何もなかった。」とヨハネの福音書は教えている(5)。無からの御言葉による創造は、一つは否定的で一つは肯定的なその二つの部分によって、雅歌の次の神秘的な定式を思い起こさせる。「私は黒いが、美しい」*4。そしてまたイスラームの信仰告白もまた対立的であるとともに相補的な二つの部分を含んでいる。「神は無い、（唯一の）神でなければ」。

　創造的な御言葉は二つのレベルにおいて理解されることができる。そしてプラトン的なデミウルゴス*5に対する神学者の側の殆ど一般的な無理解を説明するのはこの「（レベルの）変動」である。まず第一に御言葉は、存在論的な原理である有の段階に位置する。それはその能動的な極、ヴェーダーンタにおけるプルシャ(6)である。それは、顕現の諸可能性あるいは原型を包含する神的な知性である。次に普遍的意味での顕現のまさしく中心に、能動的なプルシャの反映が存在する。すなわちブッディ、顕現された作用する御言葉である。そしてこれが本来的な意味のデミウルゴスである。このブッディは「水の上を漂う神の霊」*6であり、一方、神的なプルシャは不変のままにとどまっている。なぜならそれは純粋な有に属するからである。しかしわれわれがすでに言ったように、有は実効的なものとなるために存在の中心にまさしくブッディとして自らを反映させる。そしてここで次のダビデの詩篇を思い起こしておこう。「主の言葉によって、天は作られた。彼の口の息によってその全軍は作られた。彼が語ればそれはなされた。彼が命じるとそれは固く立った」(「詩篇」33：6-9)(7)。

すなわちこういうことである。原理的なマーヤーがプルシャとプラクリティに分極化するように、顕現されたマーヤーは二つの極を含む。すなわち能動的で想像的なデミウルゴスと、受動的であるが実効的な基体である。創世記のトーフー・ワ・ボーフーとは、この第一質料(materia prima)である。それはまたヘシオドスの神統記におけるカオス、「虚空」である。カオスというギリシア語は「原初の深淵」と「不定形の質料」という二つの意味を持っていることをここで指摘しておこう。それは純然たる無でもなければ、創造の行為に先行する基体でもない。それはデミウルゴスとともに創造の最初の内容なのである。能動的なデミウルゴスが中心であり、そしてその受動的な相補物が周辺である。この二重のデミウルゴスは、創造のただ中における創造的な力を構成する。

アッカド・バビロニア的な「水」においてわれわれが認識するのは、デミウルゴスの受動的な側面である。創造的な「父」(アプスー)と創造的な「母」(ティアマト)という彼らの並行的な概念にもかかわらず。*7 タレスの「水」もまた最初の基体と同一視される。同様のことはアナクシマンドロスの「無限」(アペイロン)についても当てはまる。ヘラクレイトスの「火」についても同様である。[8] しかしながら、これらの様々な概念は、おそらく宇宙的レベルと同様に神的レベルにおいても、そしてそれゆえデミウルゴスと同様に神的有にも適用されるだろう。これら全てのことはもちろん「無からの創造」における論理的で全面的に否定的なニヒルとは関係がない。しかし、もし人がニヒルという言葉に対して肯定的な意味を与えることに絶対的に固執するならば、――その本来的な意味に反して、そして、象徴的な転義によって――二つの可能な解釈がありうる。すなわち「神的な無」と「天的な無」、神とデミウルゴスである。いかなる意味においてもそれは、超-有、純粋な絶対を指すことはない。なぜならそれは創造に関わらないからである。

「罪深い」女性、地下の諸力の「囚人」、そして悪魔によって「奪われた」、あるいは地によって「飲み込まれた」、あるいは地獄的なものとさえなった女性――イブ、エウリュディケ、[9] シーター、[10] イザナミなど――の神話の深遠な説明は、疑いもなく、男性的なデミウルゴスと女性的なデミウルゴスの分割あるいは宇宙の中心と周辺との間の分割に見出されるであろう。その場合この周辺は、その産物に対する関係において処女であるままに留まる宇宙的基体そのものとしてではなく、これらの産物の全体性として見られる。なぜならあらゆる形態における「悪」を含むのは偶有であって基体ではないからである。しかし基体は母でありながら処女であるままに留まるという事実を別にしても、それはその肯定的な内容によって外在化のレベルそのものにおいてあがなわれる。それは原理において秘跡的であり救済的である。象徴的に言えば、もし「女」が「物質」あるいは「世界」を選ぶことによって失われたのであれば、彼女は化身を生み出すことによって、あがなわれた

――そしてあがなわれている――のである。[8] そしてそれに加えて「万物はアートマンである」。そして「夫（あるいは妻、あるいは息子）に対する愛のゆえに夫（あるいは妻、あるいは息子）が愛しいのではなく、彼におけるアートマンへの愛のゆえに、愛しいのである」。[*11] すなわち女性的な要素――基体――は定義によって本質の鏡である。[9] その外在化的なそして疎隔的な機能にもかかわらず。さらに鏡は必然的にそれが反映するものから離れている。そこにその両義性が存する。

宇宙生成の神秘の最も直接的でそれゆえ完全な表現は疑いもなくヒンドゥーの教義である。それゆえ全面的な説明を得るために第一に頼るべきなのはセム的な秘教ではなくこの教義である。われわれの著作においてしばしば言及してきたように、この教義の本質はマーヤーの観念である。それは普遍的な相対性の観念である。そしてまさしくセム人のみならず、アプリオリにはプラトン主義者達を含む秘教徒達を例外とすれば、[10] 西洋のアーリア人達にも欠けているのはこの観念なのである。西洋古代は、「古典古代」であれその他であれ、ヒンドゥーのそれに近い宇宙論を所有していたにもかかわらず。

さて、マーヤーは定義によって、直接的あるいは間接的に「創造」の神秘に関わるもの全てを含む。その結果としてそれはプルシャとブッディの両者を、すなわち超宇宙的レベルと宇宙的レベルの両者における「御言葉」を含む。要するにそれは被造物とともに創造者を、世界とともに神を含む。ただ「純粋な絶対」、「超-有」、パラブラフマンあるいはアートマンだけがその把握を免れる。その本質によってマーヤーを決定するのはこの「純粋な絶対」である。しかしマーヤーはいかなる意味でもアートマンを決定することはできない。一方、マーヤーは創造的な位格である神を決定する。彼なしではいかなる創造もあり得ない。

相対性あるいは「幻影」あるいは「神的魔術」の教義は、宇宙的周期の教義と結びついている。世界あるいは顕現された宇宙、被造物は、それゆえ神性の「呼吸」のようなものである。それはヒンドゥー教徒達が言うように、「神の一生」、諸段階に本質的に従属している。まず第一に「パラ」があり、それはデミウルゴスそのものの「一生」であり、百「ブラフマー年」の間続く。「ブラフマーの日々」カルパは、それぞれ一つの世界、それゆえ一つの「歴史的な創造」の持続を表現する。「ブラフマーの夜」は、二つの無からの創造の間の「神的空虚」である。それぞれのカルパは千のマハーユガを含む。そのそれぞれは四つの時代あるいはユガに分割される。すなわちクリタ、トレーター、ドゥヴァーパラそしてカリ・ユガである。これらは類比的に言えば、黄金時代、銀の時代、青銅時代、そして鉄の時代である。疑いもなくインドの様々な宇宙論的象徴のうちにはヴァリエーションがあるが根本的な枠組みは同一である。それはともかくとして本質的に重要なことは、世界は「光学的な幻影」であり、そしてこの幻影は必然的に諸様態や周期を含んでいるということを知ることである。とりわけわれわれを取り囲む自然やわれわれの中の周期や諸様態において示されているように。普遍的な諸様態や周期は言わば相対性の印である。まさしくその多様性と複数性によって。単純性と唯一性の栄光は原理のみに属する。また、「創造そのもの」、存在的現象の不変性と共永遠的な諸周期の連鎖は、神的必然性を証し、ある特定の創造すなわちある特定の様態あるいは周期は、神的自由を証する、と言うこともできよう。別の観点から言えば、そして極めて明白に、必然性と自由はあらゆる場所において結びついているけれども。

ヴェーダーンタは、時空の広がりを投影する位格的な神（イーシュヴァラ）にほかならない「純粋な」マーヤーと、諸現象の差異化とともに存在的な無知（アヴィドヤー）をもたらす「不純な」マーヤーとを区別している。そして後者は最も直接的には、個体の霊魂（ジーヴァートマン）の形で現れる。少なくとも主観的に言えば。しかしこの全てはわれわれがここで問題にしている宇宙生成論よりも、宇宙論そして部分的には人間論に属することである。[11] しかしそれでも次のことを指摘しておこう。顕現されたマーヤーは、マクロコスモス的なものもミクロコスモス的なものも、それらの相対性あるいは外在化の段階に従って、様々な「状態」あるいは「鞘」に分割されたものとして理解される。そしてこれらは類比的象徴的に言って次のようなものである。「覚醒」状態（ヴァイシュヴァーナラ）、「夢眠」状態（タイジャサ）、「熟睡」状態（プラージュニャ）、そして「第四」状態（トゥリーヤ）である。第四状態は至高の自己（パラマートマン）の絶対的に無限定な意識に対応する。これらの様々な状態に言及することをわれわれに義務づけるのはマーヤーの概念の重要性そのものである。これらの諸様態は根本的なものであり、必然的に宇宙生成論にも関わってくる。一方において、それぞれの世界やそれぞれの被造物は、これらの諸段階のうちの一つに位置している。場合によってはその構成に関してはそれらのいくつかを実現しつつ。そして他方において、宇宙生成論的な投影は最も内的な段階から外在的なものへと向けてもたらされる。[12] 無へと向けて、と言うこともできよう。無が、純粋に指示的なもの以外の現実性を持つとするならば、「純粋な」相対性と「不純な」相対性――一つは原理的なものであり、もう一つは現象的なものである――だけを区別する代わりに、われわれはまた、そしてこれは本質的なものでさえあるのだが、「上昇的な」相対性と「下降的な」相対性、そして第三の、これら二つのものの間にある「水平的な」相対性を区別することができよう。この枠組みは普遍的性質（グナ）の三幅対に相当する。それらは「光明」あるいは「軽さ」（サットヴァ）、「闇」あるいは「重さ」（タマス）、そしてそれらの間の「熱」あるいは「拡張性」（ラジャス）である。それゆえ神聖で神へと引きつけるマーヤーがあるとともに、悪魔的で神から引き離すマーヤーも存在する。そしてアプリオリには無邪気に情熱的でありそれ自身であることを求める中間的なマーヤーが存在する。それは他の二つの性質に対する関係においては中立的である。これら三つの傾向の顕現は、それぞれ「形態」や「運動」に関して、そして様々なあらゆるレベルにおいて、静的あるいは動的なものである。

またここで次のことを指摘しておこう。そしてこれは伝統的な概念から帰結する。マーヤーの諸段階あるいは諸様態は、それらが「意識」の極の観点において理解されるか、あるいは「存在」の極の観点において理解されるかによって、主観性として、あるいは客観的な原理あるいは現象として、見られることが可能である。それゆえ例えば覚醒状態と肉体の間あるいは夢眠状態と魂の間には類比的な関係が存在する。その全ては普遍的な次元において予型を持つ。小宇宙と大宇宙は一体である。あらゆる物質はわれわれの体であり、あらゆる心的実体[*12]はわれわれの魂であると言えるほどに。

創造主も被造物もマーヤーの中に含まれるという事実から、それらの間の断絶性は相対的なものに過ぎないという結論を導く誘惑に人は駆られるかも知れない。しかしこの場合において語られるべきなのはむしろ「相対的に絶対的な」断絶性である。超-有——あるいは本質——と存在者の間の絶対的な断絶性は、普遍的な相対性の次元に反映されている。そしてこの反映が、存在者と有、被造物と創造者、世界と神との間の「相対的に絶対的な」断絶性なのである。もし「相対的に絶対的な」距離というものは相対性の範疇を出ていない、そしてそれゆえその隔たりは相対的なものにとどまる、という反論がなされるならば、われわれは次のように答えよう。この場合においては、そしていかなる他の類比的なそして存在論的に従属する場合にもまして、この距離の理由そのものはその絶対性の性質である。そのことははっきりさせておく必要がある。深刻な誤謬を示唆しそして内在性の次元に対して超越性の次元を犠牲にするという危険を避けるために。

別の言葉で言おう。原因と結果の両者を含むマーヤーのゆえに被造物と創造者の間の断絶性が相対的なものであるならば、それにもかかわらず顕現に対する関係における原理の超越性のゆえにそれは絶対的なものなのである。

中心から周辺へ進む創造的な外在化に対して、イニシエーション[*13]的なあるいは神秘的な内在化が呼応する。それは逆の方向に向かって進む。そしてその心理学的な予型は美徳である。実際、美徳は偶有的なものから実体的なものへ、あるいは偶然的なものから原型的なものへ、その本質が至高の善、アガトンである「イデア」へと向かう。同様のことは芸術についても当てはまる。その目的は、原型を偶然的なもののうちにもたらすことである。そしてこれが真の「現実主義」である。なぜなら現実なるものはわれわれの上にあるからである。近代人が主張するようにわれわれの下にあるのではなく。しかし言うまでもないが、芸術的な表現というものは、霊的な錬金術の予型に過ぎない。霊的な錬金術の素材は霊魂であり、そしてその錬金術は、芸術が直接的な知覚や感情のレベルにおいて表明し約束するものを内面的にそして根本的な仕方で実現する(13)。芸術家は世界の中に神的なものをもたらす。神秘家は、世界を、彼の魂を、神的なもののうちに再統合する。常に天の助けによって。なぜなら「私なしでは、あなたがたは何もできない[*14]」からである。

存在論的‐宇宙論的連鎖

われわれは一度ならず存在論的投影と、それが含意する分極化について語ってきた。しかし、まさしく存在をもたらす投影の力によって宇宙のそれぞれのレベルにおいて顕現するものとしてのこの分極化については十分に説明してこなかったかもしれない。その軌道は全体として幾何学的に言えば三角形の「下降する」連鎖として表現できる。そこでは上向きと下向きの三角形が交互に現れる(1)。前者は内在的な二極性を表し、そして後者は、その「産物」そして段階の移行、それゆえ外的な次元を表す。

最初の象徴的三角形は絶対性と無限性の二つの側面(2)を含むものとしての至高善を表現する。この最初の二極性は創造する位格的な有を言わば投影し、そしてそのことによって第二の三角形を「生む」。それは下向きになっている。なぜなら二極性が上方にありそして一性が下方にあるからである。

今度は有自体が新たな分極化をもたらす。すなわち創造的な霊の息吹と、処女的であると同時に母性的でもある受動的な基体である。これはプルシャとプラクリティの一対であり、有のレベルにおける男性的なものと女性的なものである。そしてこの一対が、有そのものと共に宇宙生成論的連鎖の第三の三角形を構成する。

この原理的な一対は顕現されたロゴスを生み出し、そしてそれと共に四番目の三角形を構成する。次に来るのはロゴスのレベルにおける第五番目の三角形である。ロゴスもまた能動的あるいは男性的な側面そして受動的あるいは女性的な側面の二つを含んでいるという事実によって。これら二つの側面は、一方は宇宙の中心における普遍的知性であり、他方は処女にして母である普遍的基体である。世界を構成するあらゆる現象が生じるのは彼らからである。

ロゴスの分極化は、それが投影あるいは生み出す世界とともに言わば六番目の三角形を構成する。産物があるゆえにそれは下を向いている。そして世界もまた三角形を構成する。世界もまた分極性を内包しているという事実によって。それはすなわち「本質」と「基体」であり、それは物理的な地平においては「エネルギー」と「物質（質料）」となる。純粋な質料とはエーテルに他ならない。かくしてわれわれは、存在論的-宇宙論的連鎖の最終的な結果あるいは「最低」点に到達する。少なくともわれわれが現在いる世界の観点からは。なぜならわれわれの世界よりもさらに出発点から遠い限界=世界を、われわれは考えることができるからであり、あるいは逆により遠くない世界を考えることもできる。そしてムスリムが言うように「神が最もよくご存知である。」原理を知る事と様態を知る事は別である。

絶対性と無限性。またわれわれは次のように言う事もできよう。必然性と可能性。[3] それらの一なる本質は至高善であり、それらの共通の機能は相対性へ向けてのこの善の投影である。

宇宙生成的な軌道、別の言葉で言えば、相対性のリズムが、他のピタゴラス数ではなく三性との関係でもたらされるという事実は、決して偶然ではない。三という数は、まさしくその非対称性によって、実際、前進あるいは運動の数なのである。キリスト教の三位一体もその他の類比的な三性も、それらから発出しそれらがあらかじめかたどっている「創造」なしではいかなる意味も持たないであろう。確かに、幾何学的な三性である三角形のみならず、三性そのものも存在する。それは一直線によって表現され、少なくとも他の数と比べて特に創造的な要素を持たない。この三性はそれゆえ諸価値の位階秩序または二つの対立する要素間の選択を意味する。後者の場合においては、三性は中心的な基準すなわち上方と下方のあるいは右側と左側の間の質的な区別を含む。これらの区別のうちの前者は、レベルの差異ではなく「共通のレベル」を含意する後者よりもより根本的である。

しかし明らかに全現実の構造を支配するのは三という数あるいは三角形だけではない。至高の原理は数学的に言って二性の側面や四性の側面も含んでおり、そしてさらに複雑な側面さえも含んでいる。そして同じ事は全現実に対しても当てはまる。それ自体として、そしてそのそれぞれのレベルにおいて。二性の意味は相互補完的な調和あるいはより相対的には対立であり、あるいは同時にその両者である。四性について言えばそれは完成した「領域」を意味する。神において、あるいは世界のレベルにおいて。二性が「生み出し」三性が「投射する」あるいは「動かす」のに対して、四性は自らで充足しており、それは結果あるいは達成である。それは安定性の数であり、四角形がその根本的な幾何学的象徴である特質である。

三性が動的な側面のみならず静的な側面も含んでいるように、四性も同様である。幾何学的には安定性の原理を示す一方で、それ自身の中に運動の側面も含んでいる。そしてこれは上昇的あるいは下降的な方向への周期的な諸段階の展開である。原理＝起源に関する関係で、疎隔と分離があれば、もう一方においては帰還と再統合がある。さらに両者の方向は一致することがありうる。純粋に地上的な観点から言えば若年は開花であり老年は衰退である。一方、霊的な観点からは、若年は一般に情念と幻影の時期であり、老年は知恵の時期、それゆえ新たな春の時期なのである。

全能性の諸次元

有名な議論によれば二つのうち一つが真実である。神は悪を無くすことを意志するが、それができない。その場合には神は全能ではない。または、神は悪を滅ぼすことができるが、そうすることを意志しない。その場合には神は善ではない。われわれの読者はわれわれの答えを知っている。神は「ある特定の悪」を滅ぼすことはできるが、「悪そのもの」を滅ぼすことはできない。所与のいかなる悪でも滅ぼすことができるが、悪の可能性そのものを滅ぼすことはできない。悪の可能性は全可能性の中に含まれており、創造する位格的な神はそれに対する何の力も持っていないからである。なぜなら全可能性は神的本質そのものに属しており、そして本質は位格に「先行」するからである。超-有あるいは非-有は、有に「先行」する。位格を超える神性が位格的な神を決定するのであり、その逆ではない。

自らを伝達することは善の本性に属するというアウグスティヌスの定式をわれわれは先に引用した。超-有、あらゆる善の本質、そしてそれゆえ至高善そのものは、放射の本来的性質を持っている。しかし放射するということは一方において善を伝達するということであり、他方においてはその源泉から離れるということでもある。世界がわれわれに提供するあらゆる善はこの放射から生じ、そしてあらゆる悪は源泉からの疎隔によって生じる。しかしながら放射の善は疎隔の悪を償う。そしてこのことはあらゆる悪をその原初の善へと連れ戻すアポカタスタシス（万物復元）[*1]によって証明されている。全現実においては、そして宇宙的周期の進行においては、悪はほとんど束の間の偶発事に帰する。それを経験しあるいは目撃する存在者達にとって、それがどのように重要なものであろうとも関わりなく。

このことは次のように表現することもできるだろう。そしてわれわれはそれを一度ならず行ってきた。絶対は定義によって「エネルギー」あるいは「シャクティ」を包含し、それは無限性である。そして全可能性としてのそれは相対性、マーヤーを投影する。さて、位格的な神は、この外在的な次元の中心あるいは頂点にほかならない。位格的な神は絶対＝無限を決定することは全くできない。彼の役割は存在的投影をもたらしそしてそれを支配することである。創造者、立法者、報いる者としての神が全能であるのはこの投影に対してであり、そして絶対そのものであると見えるのもこの投影に対してである。そして神は彼の本性の力によって「善」である。本来的に彼のものであるものを含めて、彼はその本性の潜在性を顕現させる。われわれが世界において出会うあらゆる善は神的本質とその「位格化」の両者を証している。一方、悪は対照と欠如によってのみそれを証している。

もう一度まとめよう。絶対でありそれゆえ無限である至高の原理は、本質的に、考え得る全ての善との類比によって、われわれが「至高善」と呼ぶことができるものである。この善はすでに述べたようにその本性の内的論理によって自らを伝達しなければならない。それは「放射」しなければならず、そしてその結果として、その源泉から離れて「無」の方向へと進んでいく反映を投影しなければならない。現実には無は方向の可能性あるいは傾向としてしか存在しない。あるいは「不可能なものの可能性」と表現することもできよう。至高の原理は全可能性を含んでおり、それゆえ非常に逆説的に言えば、それ自身の不可能性の可能性を排斥することはできない。しかしこの純粋に抽象的な可能性は、それ自体では決して存在し得ないがゆえに、それ自体としては存在しない薄暗い極へ向けての傾向の様態において顕現されるのであり、そしてこの顕現以上のものではない。確かにこの定式化は全てを表現し尽くすことを意図したものではない。どのような定式化もそのようであることはできない。しかしそれにもかかわらず、それは適切な参照点を提供するのである。形而上学においては、それが人間的思考に対して求め得る全てである。(1)

以上の一節における相対性への言及で「幻力（マーヤー）」という用語を使用したことは以下の言明をなす機会をわれわれに与える。マーヤーを悪と同一視するということは問題にならない。善と悪の対立はアートマンとマーヤーとの相補性に全く無関係というわけではないけれども。マーヤーがなければ欠如も逸脱も存在しないであろう。なぜなら悪とはアートマンのシャクティであるマーヤーの極端にしてそして薄暗い反映に他ならないからである。[2] いずれの場合にしても、そしてこれは肝心なことだが、神的なマーヤー（＝イーシュヴァラ）[3]と、天的なマーヤー（＝ブッディとスヴァルガ）そして三番目に人間的に言って「地上的な」マーヤーの間の本質的区別がなされなければならない。しかし現実には三番目のマーヤーは「誕生と死亡の輪」、輪廻（サンサーラ）の領域の全体を含んでいる。またマーヤーの中に、われわれを取り囲みそして部分的にわれわれを超越している宇宙に関係する客観的な様態と、われわれの自我の経験[4]に関係する主観的な様態とを区別することもできる。原理的には、人間は彼の霊魂の魔術を支配することによって世界の魔術に働きかけることができる。

大まかに言えば「魔術的な力」を意味するマーヤーという用語の類義語は、リーラー「戯れ」、そしてモーハ「幻影」である。マハー・モーハは「大いなる幻影」すなわち宇宙的なものも超宇宙的なものも含めた顕現の全領域を意味する。

ここで一つ述べておかなければならないことがある。自信過剰で物事を単純化する似非ヴェーダーンタ主義者達には気に入らないことであろうが、ありうるどのような状況下においても、神的相対性の承認と援助なしで相対性を超えることは可能ではない。その承認と援助は無償で与えられるどころか全く逆にわれわれの全てを巻き込みそして要求する。

神の全能性の諸作用と諸様態については多くの事を語ることができるだろう。奇跡の場合においては、神は彼自身の何かを世界の中へと投影し、そして彼の現存によって物事の自然的な進行を修正する。本来的に言って、事物の自然的な進行から外れない他の場合においては、神的現存はより少なく直接的であるか、あるいはこのように言ったほうがよければ、より間接的である。なぜなら世界への神の進入は、その実体そのものをもって神的現存が世界に入ることを意味するわけではないからである。そのようなことがあればそれは世界を灰燼に帰してしまうであろう。これは、神的な力の顕現の領域においては「垂直的」次元と「水平的」次元とを区別しなければならないということである。垂直的次元とは超自然的なものであり、水平的次元とは自然的なものである。物質主義者にとっては、ただ水平的次元のみが存在する。そしてそれが垂直的に作用する原因を彼らが理解できない理由であり、まさにその理由によってそれは垂直的次元そのものと同様に彼らにとって存在しない(5)。

水平性と垂直性の代わりに、円と十字あるいは同心円と半径のイメージを用いることもできよう。一方においては因果性は円に限られている。そしてこれは神秘を欠いた事物の自然的な領域である。他方においては因果性は中心点から流出してくる。そしてこれが超自然的な領域であり、奇跡的そして神的なものである。「人間にとってはそれは不可能であっても、神にとっては全てのことは可能である。*2」

無神論者達は、そしてある種の理神論者達さえも、もし神が全能であるならば彼は悪を滅ぼすだろう、と論じる。それに対しては二つの答えがある。そして第一の答えは既に与えられた。神は悪そのものを破壊することはできない。なぜならそれは全可能性から結果するからであり、全可能性は位格的な神に存在論的に「先行」するからである。その結果として神は、悪それ自体の形而上学的必要性を考慮に入れる限りにおいてのみ特定の悪を滅ぼすことができる。(6) 第二の答えは、ある意味で第一のものを超えている。それと矛盾しているように見える程に。神は善であるので特定の悪のみならず悪そのものを滅ぼすのである。なぜなら、あらゆるものは終わりを持つゆえに特定の悪は滅ぼされるからであり、そして結局のところ同じ法則に服する悪そのものは、宇宙的周期の結果として、そしてアポカタスタシスの効果として消滅するからである。(7) 真理は全てに勝つ (vincit omnia Veritas) という定式は、真理のみならず、あらゆる側面における善にも適用される。そしてこのことは善と悪の間にはいかなる対称性も存在しえないということも意味する。(8) 悪はそれ自体においてはいかなる存在性も持たない。*3 一方、善はあらゆるものの存在なのである。善とは有るところのものである。有と善は一致する。

われわれの第二の答えは次のような反論を被るかもしれない。周期的な限界は悪の可能性を滅ぼすことはない。それは実際何らかの程度においてそれぞれの周期の過程において再び現れてくるからである、と。それはその通りである。しかしそれは真実の反論にはなっていない。そしてそれはわれわれを再び無限の本性の問題へと連れ戻す。それは、全可能性は定義によってそれ自身の否定の可能性をも包含しなければならないということを含意する。まさしくその否定が可能である限りにおいて。そしてそれはもちろん原理そのもののレベルにおいてではなく、すでに非常に相対的な偶然性の様態においてのみ可能なのである。すなわちマーヤーの下端において、それゆえ「幻影的な」つまり絶対のレベルでは非現実的な仕方においてのみ可能なのである。

神の善性(9)は、様々な関連において、様々なレベルで見られることができる。まず第一に「至高善」としての、そしてその結果として、あらゆる可能な善の至高の――しかし間接的な――源泉としての絶対がある。次に有のレベルにおいて、そして有の中で「位格化された」ものである限りにおける「至高善」がある。より相対的には、神的放射、善の宇宙生成論的機能、世界の創造的投影がある。そして最後には最終的な再統合すなわちアポカタスタシスがある。そしてわれわれはまた宇宙が含んでいる善のあらゆる側面について言及することができよう。そしてそれは、全体としてもあるいは個々のものとしても、善そのものの顕現をなしている。この意味において、あらゆる善は間接的に神的顕現である。

「悪」の概念に対して形而上学的含意を与えたことで、われわれを非難する者がいるかもしれない。彼らの目においては悪は道徳的あるいは感情的な意味しか持っていないのである。それについてはわれわれは同意しない。なぜなら、現実なるものに対立する――あるいは対立すると信じている――何かを「悪」と呼ぶことは正当であると考えるからである。それが現実なるものに対立し、そしてその結果としてわれわれの究極の関心事に対立する限りにおいて、それを悪と呼ぶことは正しい。しかし他の側面においては必ずしもそうではない。いかなる場合においてもその存在に関してはそうではないし、また世界の平衡のために必要な機能の点に関してもそうではない。

善と悪との対立は、ある意味において有と無の戦いである。それは有が無に対してある種の存在を貸し与える限りにおいてのみ行われる。常に神的自己の必然的放射の文脈において。それはスーフィー達が述べているように「彼自身から彼自身への伝言」なのである。

聖パウロによれば、神の怒りあるいは神の正義の性質は自らを顕現することができなければならない。そしてその帰結として、それを引き起こす何かがなければならない。そのことは何よりも次の言葉によって表現されている。「躓きは必ず起こる。」[*4] 少し異なった観点からは次のように言う事もできよう。悪に対する勝利あるいは、ある悪からの解放である特定の善あるいは対照的な善は、それに対して自らを発現させ、またはそれを滅ぼすことができるようなある種の悪を明白に前提とする。喉が渇いているときに水を飲む人によって経験される解放的な自由の感覚は、渇きの苦しみが存在しないとしたならば存在しないであろう。楽園の際限ない幸福は不可能である、なぜならそれは対照の欠如から来る倦怠によって終わるだろうから、と言われるのをわれわれは聞いたことがある。幸福をありがたく思うためには、何らかの比較対象や参照点そしてそれゆえ苦しみが存在しなければならないように思われる、と。この見解はいくつかの理由で間違っている。まず第一に道徳的にそして知的に損なわれていない人間は、対照あるいは限界の必要性を彼の識別や離脱や規律によって満足させる。そしてそれが、誰かが彼を退屈させるのでない限り彼が決して退屈しない理由である。第二に優れた人間は、原型あるいは本質の直観を有しており、そして彼の知的視覚が無限へと開かれているという事実によって、超自然的な平衡の状態のうちに留められているからである。楽園においては何も色褪せることはない。客観的にも主観的にも。なぜなら事物や知覚は神的無限との接触を通して絶えることなく更新され続けるからである。かくして人間は、代償的活動やリズムに対するある種の要求からではないにせよ、対照的な変化の心理的或いは精神的必要性からは解放されるのである。このことの形而上学的な証明は神の至福そのものであり、それは影を持たないことによって些かなりとも苦しむことはない。しかしそれは必然的に「諸次元」を含む。マーヤーの領域に自らを投影する限りにおいて、あるいは神的領域に対するわれわれの見方がマーヤーの領域に結びつけられている限りにおいて。

慣れは感覚を鈍らせると言われる。そしてこのことは事実上は正しいが権利上はそうではない。なぜなら慣れの心理的な現象そのものが、われわれが耐えなければならない物事や無関心な物事についてではないが少なくとも幸福を作り出すと考えられている事物についての感謝や深みの欠如を証するのに十分だからである。別の角度から言うと、幸福の安定性は――運命のいかなる問題とも全く別にして――われわれの態度の美と知恵のみならず、そして何よりも、天へ向けて開かれてあることに依存している。われわれがすでに言ったように。それは幸福の経験に常に更新される生命を授ける。人は天上的な様態において実現されるであろうことを地上的な様態において実現しなければならない。これがまさしく性格の高貴性の定義である。

反対があるか、あるいは相補性があるかによって、二種類の二項対立が存在する。一つは「垂直的」で、もう一つは「水平的」なものである。肯定的なものと否定的なもの、現実的なものと幻影的なもの、善と悪は、垂直的な二項対立に属する。能動的なものと受動的なもの、動的なものと静的なもの、男性的なものと女性的なものは水平的な二項対立に属する。別の言葉で言えば、肯定的な極は「上」に、そして否定的な極は「下」にある。一方能動的な極は「右」に、受動的な極は「左」にある。宇宙の周辺的な領域において見いだされる善と悪の対立というものは、中心的な領域からは排除されている。楽園的な世界は、質的な「水平的な」相補性のみを含んでおり、そしてその反対物はその領域の外そして下方に位置している。

われわれは「質的」と言った。悪もまた水平的な相補性を持つからである。なぜなら能動的な極と受動的な極というものは、それ自体としては中立的なものであり、あらゆるレベルにおいて現れるからである。「垂直的な」関係、肯定的なものと否定的なものの間の対立について言えば、それは絶対と相対的なもの——神的次元そのものにおいて始まりヒュポスタシス的な諸段階をもたらすマーヤー——の間の隔絶性をアプリオリに表現しているという意味において普遍的なものである。さらに言えば既に述べたように、われわれのものの見方次第で「垂直性」と「水平性」は交換可能である。ある観点から言えばマーヤーはアートマンのシャクティである。無限性が絶対の相補物であるように、あるいは全可能性が必然的有を延長するように。別の観点から言えばマーヤーは相対性あるいは幻影であり、「左」ではなく「下」にある。女性性の普遍的な原型としてマーヤーはイブであると同時にマリアである。「魂的」で誘惑的な女性であるとともに「霊的」で解放する女性である。下降的あるいは上昇的、疎隔的あるいは再統合的な霊である。マーヤーはそれらを解放することができるように霊魂達を投影する。そしてそれに打ち勝つことができるように悪を投影する。あるいは次のように言う事もできる。一方において彼女は、至高善の潜在性を明らかにすることができるように彼女のヴェールを投影する。そして他方において彼女は、その覆いをとることができるように善に覆いをかける。それによってさらなる善を明らかにするために。放蕩息子の帰還の、[*5]あるいは解脱の。

ここで次のことを思い出しておくことが有益だろう。ヒンドゥーの教義は、悪の可能性を普遍的な三幅対の概念によって説明している。すなわちサットヴァ・ラジャス・タマス、類比的に言うと「光明」「熱」「闇」である。この最後のものは悪それ自体ではなく、その存在論的な根源である。[10]ある形態のシンボリズムにおいては、時として聖書においてさえも、インドではシヴァによって人格化される神の懲罰的で破壊的な働きと、悪の霊、セム人達のサタンとの間の事実上の一致が存在する。実際シヴァは言わばタマスの神的な頂点である。しかし彼はもちろん「闇」「重さ」あるいは「無知」ではない。彼は世界の観点からは否定的あるいは暗い側面を含んでいるということに過ぎない。それはまさしく彼が懲罰し破壊することによってである。現実のものであれ外見上のものであれ、この神の怒りと悪の霊との間の混同は、悪はそれが必要な現象である限りにおいて最終的な分析においては天的な機能の一部であるということを意味している省略語法である。

一方において神は世界を「愛する」。なぜなら世界は神を顕現するからである。[11] しかしまた他方では神は世界を「罰する」。なぜならこの点において問題となるのは神的顕現の側面ではなく、逆に神からの疎隔そして「他性」の側面だからである。「必然的有」と「可能的存在者」の間には、一方においては調和が、他方においては対立がある。あらゆる存在は共約不能なこの二つの磁力の間の振動である。表面的には矛盾した、しかし根本的には同質的な。この理由によって人間は、その次元が彼の直接的な視野を越えていく選択肢の人格化である。別の言葉で言えば、人間的状態の存在理由そのものは、選択をなすこと、そして正しい選択をなすことなのである。必然的有への解放的参与を選ぶこと、そして、可能的なものの迷宮を通って無の方向へと向かう奴隷化的彷徨を選択しないこと。そして同様にこれが、あらゆる人間は司祭(12)、ポンティフェクス（教皇）*6、地上と天国との間に橋をかける者である理由である。現在の流謫から彼岸へと、不変なるものの傍にある平和の岸へと導く橋を(13)。

われわれがすでに言ったように、悪はそれ自体では存在を持たない。それはただ借り物としてのみ、そしてその中立的な基体においてのみそれを所有する。一方、善はあらゆる事物の存在である。あるスーフィー達が指摘したように、有は善と同義である。人間は彼の存在を通して、そして彼の能力を通して有に参与しており、そして言わば自分自身のうちにそれを運んでいる。あらゆる人は彼自身のうちに善への、そしてそれゆえ至福への到達可能性を持っている。「神の国はあなたがたの内にある。」

「堕落」のために、この到達可能性は外的な条件に依存するものとなっているということは事実である。人間の心の門は閉ざされており、天国的な心の門が開かれなければならない。そしてそれは啓示と法という手段によって開かれるのである。「私なしでは、あなたがたは何もできない。」しかしこの移行は、至高善がわれわれ自身の心の内に住み、われわれに対する関係においてその自由の全てを保持していることを妨げない。それがわれわれの外において働くのは、まさしくそれがわれわれの内において働くことができるようになるためである。悪によって特徴づけられた人間は、彼のほとんど超人格的な中心において、彼自身の救済の奇跡を運んでいる。彼がそのことを知ろうと知るまいと、そしてそのことを望もうと望むまいと。

至高善は全能であると同時に慈悲深い。厳格な幾何学であるとともに解放する美である。

普遍的終末論

終末論[*1]は宇宙論の一部であり、そして宇宙論は形而上学の延長である。そして形而上学は本質的に永遠の叡智と同一である。どのような権利によって終末論はこの叡智の一部なのか、という疑問が起こるかもしれない。なぜなら認識論的に言えば、純粋知性認識は、われわれの死後の運命を明らかにするのではなく、むしろ普遍的な諸原理を明らかにするように思われるからである。だが現実には、これらの運命の知識は、諸原理の認識によってあるいはその正しい適用によって到達可能なものとなる。そして実際われわれが霊魂の不滅性[*2]を知る事ができるのは、単に啓示の外的な方法[(1)]によってのみではなく、主観性の根本的性質を理解することによってでもある。なぜなら全面的で中心的な主観性——動物の場合にそうであるような部分的で周辺的なものではない——について語ることは、客観性の能力、絶対の直観、そして不滅性について語ることであるから。[2] そしてわれわれが不滅であるということは、われわれは、われわれの人間としての誕生の以前に存在していたということを意味する。なぜなら終わりを持たないものは始まりを持ちえないからである。そしてそれに加えてわれわれは周期に従属しているということも。人生は周期であり、そしてわれわれの以前の存在もまた、諸周期の連鎖のうちの一つの周期であったはずである。われわれの将来の存在もまた、周期によって進んでいくであろう。少なくともそれは、われわれが人間的状態の存在理由を実現することができない限り、この運命に運命づけられている。人間的状態は、中心的であることによって、「存在の環（輪廻）」を逃れることを正に可能にするのである。

人間的状態は実際、楽園への扉、宇宙的な中心に向けての扉である。宇宙的な中心は、顕現した宇宙の一部をなしてはいるが、神的太陽への磁力的な近接性のおかげで、もろもろの世界や運命の回転を超えており、そしてそれゆえ「輪廻」を超えている。そしてヒンドゥーの経典によれば「人間としての誕生は得難い」のは、この理由のためである。このことを納得するためには、一つの中心点と、周辺の無数の点との間の隔絶性を考えてみるだけで十分だろう。

人間としての使命に対して完全にあるいは十分に適合し、楽園に直接入る霊魂達が存在する。彼らは聖人達、あるいは聖化された者達である。前者の場合においては、彼らは神的太陽によって照らされた偉大な霊魂達であり、恵みの光の分配者である。後者の場合においては、性格上の欠点も世俗的な傾向も持っておらず、大罪を持たないかあるいはそれから免れ、そして彼らが臨終の聖餐とした恩寵の手段の超自然的な作用によって聖化されている霊魂達である。聖人達と聖化された者達の間には疑いもなく中間的な様々の可能性がある。しかし神のみが彼らの地位の判定者である。

しかしながら聖化された者の中には、すなわち自然的なそして超自然的な聖化によって救われる者達[3]の中には、楽園に直接入るのに十分なほどには完全ではない者達がいる。それゆえ彼らは彼らの成熟を、神学者達が「光栄ある牢獄」と呼んできた場所において待つことになる。しかし浄土教の信徒の意見においては、それはそれ以上のものである。なぜなら彼らによれば、この場所は楽園そのもののうちに位置しているからである。彼らはそれを霊魂が成熟したときに花開く黄金の蓮の蕾に譬えている。この状態はカトリックの教義の「太祖達の古聖所（リンボ）」に対応している。この非常に特徴的な見解によれば、「旧約」の義人達は、救い主キリストの「地獄への降下」までは、そのリンボの中にいたことになっている[4]。この概念は、とりわけ象徴的で非常に単純化されたものであるが、原理に関しては完全に適切なものであり、そして問題の複雑性を考慮すればここで詳説する必要はないが、いくつかのケースにおいては文字どおり真実でさえあるのである。

「蓮」の次に、煉獄と本来的に呼ばれるものを考慮しなければならない。その人間的使命に忠実であった霊魂すなわち、その道徳的そして霊的義務において真摯であり忍耐的であった霊魂は、地獄に落ちることはあり得ない。しかし、楽園に入る前にそれは、カトリックの教義が煉獄と呼ぶ中間的で苦しい状態を経験しなければならないかもしれない。もし霊魂が性格の欠点や世俗的傾向を持っていたり、道徳的あるいは霊的態度によってあるいは秘跡的な手段の恩寵によって償うことができなかった罪に汚されている場合には。イスラームの教義によれば、煉獄は地獄への一時的な滞在である。神は誰であれ、彼が望まれるものを炎から救い出される。それはすなわち神のみがわれわれの本性の測り難さの審判者であるということである。あるいは言い換えれば、神のみがわれわれの根本的な可能性あるいはわれわれの実体が何かということを知っているのである。煉獄を否定するキリスト教の宗派があるのは、根本的には同じ理由による。断罪されていない者達の霊魂、そしてその事実そのものによって、救済へと運命づけられている霊魂は、神の手のうちにあり、神にのみ関わるからである。

楽園に関しては、その「水平的な」諸領域とともに、その「垂直的な」諸段階も考慮する必要がある。前者は円の半径による分割に対応し、そして後者は同心円的な分割に対応する。前者は様々な宗教的あるいは宗派的な世界を分割する。そして後者は、これらの諸世界のそれぞれの中における様々な諸段階を分割する。一方において例えば、ヒンドゥー教のブラフマ・ローカ（神々の世界）のように、キリスト教の天国に似た救済の場所が存在する。しかしながら、前者は後者と一致しない。[5] そして一方、同じ一つの楽園の中でも、普通の聖人達あるいは「聖化された」者達の幸福の場所と偉大な聖人達のそれとは同じではない。「私の父の家には、部屋が数多くある。[6]」しかしそれでもなお、様々な段階の間には、超えることのできない壁というものは存在しない。なぜなら、「諸聖人の通功」*3は、至福の一部をなすからである。[7] また、様々な宗教の間での意思疎通が不可能であると主張する必要も全くない。少なくともそれが意味を持ちうる秘教的な次元においては。[8]

先に進む前に、一般的な終末論に関してわれわれは以下の言明をしておきたい。儒教や神道は来世や霊魂の不滅の観念を明白には認めていない、と論じられてきた。しかしこれは適切ではない。なぜなら彼らは祖先崇拝を行っているからである。死後の世界が存在しないのであれば、この崇拝は無意味であろう。そして日本の天皇が先帝達の霊魂に種々の出来事を厳かに報告することも理由がないことになろう。さらに言えば、シャーマニズム的伝統の特徴の一つは、終末論的な情報の——全面的な不在ではないにしても——節約であるということが知られている。

次にわれわれは、霊魂を人間的な状態のうちに保つ地獄的可能性と、逆に霊魂が人間的状態を離れることを引き起こす「輪廻」の諸可能性について言及しておかなければならない。厳密に言えば地獄もまた輪廻の一段階である。しかしそれは霊魂を他の状態に向けて解放する前に、「永遠」にではなく「持続的」にそれを閉じ込めるのである。永遠性は神のみに属する。そしてある仕方においては楽園にも属する。神的不変性の分有の神秘の力によって。地獄は垂直的落下を結晶化する。それは「打ち勝ち難い」。なぜならそれは、その持続期間は神のみぞ知る、ある種の周期の終末に至るまで存続するからである。地獄に入るのは、偶然的に罪を犯した者達、言わば彼らの「皮」によって罪を犯した者達ではなく、実体的に罪を犯した者達、あるいは彼らの「核」によって罪を犯した者達である。そしてこの区別は外的には判別され得ないこともありうる。いずれの場合においても彼らは傲慢な者、邪な者、偽善者である。それゆえ聖人達や聖化された者達とは全く逆の者達である。
顕教的に言えば、人間は、ある啓示、ある真理を受け入れないことによって、そして、ある法に従わないことによって断罪される。秘教的に言えば、ある認識やある態度を指示する彼自身の根本的かつ原初的な本性を受け入れないことによって、彼は彼自身を断罪するのである[9]。啓示とは、人が自らの存在の深みのうちに持っている光の、客観的にして象徴的な顕現に他ならない。それは彼が何者であるかを彼に思い出させる。そして彼がどのようなものであるべきかを思い出させる。なぜなら彼は彼が何者であるかを忘れてしまっているからである。クルアーンによれば[10]、全ての人間の霊魂が彼らの創造の前に、神が彼らの主であると証言しなければならなかったのは、彼らが「存在に先行して」規範とは何かを知っているからである。人間という被造物にとって存在することは有、心理、法とは何かを「心底から」知ることである。根本的な罪は、霊魂の自殺である。

死後のもう一つの可能性すなわち「輪廻」[11]について語ることがわれわれに残されている。それはセム的一神教の「関心の範囲」から完全に外にある。セム的一神教は、一種の「人間的状態のナショナリズム」であり、そしてこの理由のゆえに、人間存在そのものにかかわることしか考慮に入れない。天使達や悪魔達について語ることを別にすれば[12]、この観点にとっては人間的状態の外には一種の無しか残らない。人間的状態から排斥されることは一神教にとっては断罪に相当するのである。しかしながら、このようなものの見方と、輪廻論者——とりわけヒンドゥー教徒や仏教徒——の見方との間には接合点がある。それはカトリックの「幼児達のリンボ」の概念である。そこでは洗礼を受けずに死んだ幼児達が苦しむことなく滞在していると考えられている。さて、この場所あるいはこの状態は、われわれのもの以外の諸世界そしてそれゆえ非人間的な状態を通っての輪廻にほかならない。それがより劣ったものであるか、より優れたものであるかは場合によるであろう。(13)「なぜなら滅びに至る門は大きく、その道は広い。そして多くの者がそこへと向かう。」*4 一方においてキリストは、ほとんどの人間が地獄に行くと言うことを望んだはずはなく、そして他方において、一神教的なそしてセム的な言語において「滅び」とは人間的状態を離れることも意味するのであるから、今引用した言明は、実のところ、生ぬるく世俗的な多数の人々に関するものだと結論しなければならない。彼らは神への愛を意識しない者であり、酌量すべき事情がある不信仰者達をも含む。そして彼らは、地獄に値するわけではないにしても、少なくとも人間という特権的な状態からの排斥に値する者達である。なぜなら人間的状態は楽園的な不滅性への直接的な到達可能性を提供するからである。同様に「異教」もエリュシオンや幸福者の島*5への到達を秘儀参入者達に対してのみ提供し、俗人の大衆には提供しなかった。そして「輪廻主義者」の諸宗教においても、多かれ少なかれ事情は類似している。輪廻は、人間的状態から始まる場合には、ほとんど常に一種の煉獄から始まるという事実は、明らかに「滅び」のイメージを強化している。すなわち人間的な観点から見た場合の決定的な恩寵の喪失を。

新生児の洗礼は、その本来的な目的とは別にして、彼らをこの恩寵の喪失から救うという客観的な目的を持っている。死んだ場合には、その結果として彼らは人間的状態のうちに留まり、彼らの場合にはそれは楽園的なものとなる。「人間的状態のナショナリズム」が念頭に置いているこの結果は、洗礼の秘跡が大人達に対して念頭に置いている天国的な目的と一致する。そしてムスリム達が新生児の耳の中に信仰の証言を語りかけるのも同じ動機によってである。それはマントラの秘跡的な効果の神秘を思い起こさせる。非常に特別なケースである菩薩達の意図的な輪廻においては意図は逆である。彼らは人間的状態と類比的な中心的な状態のみを通過する。なぜなら菩薩達は、人間的楽園の「黄金の牢獄」の中に留まることを望まず、逆に、大きな宇宙的周期の終末に至るまで、非人間的な世界の中で光明を放つことを求めるからである。これは一神教的な観点が排斥している可能性であり、また大乗仏教に限定されてさえいる。また、あらゆる大乗仏教徒にとって義務的であるわけでもない。たとえ彼らが聖人であっても。とりわけ浄土教信徒は阿弥陀仏の浄土のみを求める。それは事実上、ヒンドゥー教における神々の世界や一神教における天国の等価物である。そしてそれは言わば「天的な行き止まり」としてではなく、全く逆に、涅槃の潜在力として考えられている。

死後の運命のもう一つの側面に関して沈黙のうちに通り過ぎることはできない。それは以下の通りである。神学は、キリスト教的なものと同様にイスラームにおいても、動物達は「体の復活」に含まれると教えている。(14) しかし人間は楽園または地獄に送られるのに対して、動物達は灰燼に帰する。なぜなら彼らは不滅の霊魂を持っているとは考えられていないからである。この意見は、動物の場合においては知性は現実化されないという事実に基づいている。そこから理性的能力や言語の不在が生じるのである。しかし現実には、動物の人間より劣った状態は、彼らの主観性がカルマ（業）の法則によって決定されず、そしてそれゆえ「誕生と死亡の環」[15]の中に巻き込まれてはいないということを意味しない。この法則はまた個々の草木についてではないにしても植物種に関しても当てはまる。そのそれぞれは個体に相当する。種の境界と単にその様態に過ぎない諸群の境界とを区別することが常に可能なわけではないが。

われわれは地上における人生の五つの死後の結果を区別した。楽園、蓮華のリンボ、煉獄、輪廻のリンボ、そして地獄である。初めの三つの結果においては、人間的状態が保持される。四番目においては、それは離脱される。五番目においては、それは究極的には離脱されるためにのみ保持される。楽園と蓮華は苦しみを超えている。煉獄と地獄は、様々な段階における苦しみの状態である。輪廻は、菩薩の場合においては必ずしも苦しみではないが、他の場合においては喜びと苦しみの混合である。あるいは次のように言う事もできる。楽園を待つための二つの場所が存在する。一つは心地よいものであり、もう一つは厳格なものである。すなわち蓮華と煉獄である。そして楽園からの排斥である二つの場所が存在する。一つは穏やかであり、もう一つは厳格である。すなわちそれは輪廻と地獄である。これらの場合のうちの後者において、人間的状態は失われる。輪廻の場合におけるように直ちに、あるいは地獄の場合におけるように究極的に。楽園について言えば、それは人間的状態の祝福された頂点であり、厳密に言って対称的な対立物を持たない。道徳的な目的を持つ、ある種の単純化する図式化にもかかわらず。[16]なぜなら天国的な世界は、絶対から「養子縁組によって」生成するからであり、そして絶対は、外見を除いては、対立物を持たない。

われわれがすでに言ったように、永遠性は神のみに属する。しかしわれわれはまた地獄の場合において「永遠性」と呼ばれるものは、天国の場合におけるそれとは同じではないという事実にも言及した。なぜならこれら二つの領域の間には対称性は存在しないからである。一方は宇宙的幻影によって、そして他方は、神的近接性によって養われている。楽園的な永続性というのものはそれにもかかわらず事物の本性そのものによって相対的なものである。アポカタスタシス（万物復元）へとそれが開かれているという意味において。アポカタスタシスによって、あらゆる肯定的な現象は、神におけるそれらの原型へと帰る。しかし、このことにおいては、いかなる喪失や欠如も存在しない。なぜならまず第一に神は、彼が約束したものよりも少なく与えることは決してないからであり、あるいは彼が与えるつもりである以上のものを約束することも決してないからである。そして第二には、あるいはむしろ何よりも、いかなるものにも欠けることはあり得ない神の充溢性のゆえに。

この観点から考えると楽園は、本当に永遠である[17]。「顕現された」そして「原理の外の」世界の終わりは、顕現を作り出す限定の観点から見た場合においてのみ終点なのである。しかし、本来的で全体的な現実性の観点からはそうではない。全く逆にそれは、諸々の存在者が、彼らが彼らの原型においてそして彼らの単一の本質においてそうであるところのものに再び「無限に」なることを許すのである。

以上のわれわれの考察は、科学主義的な見解という際限のない単純化に固執する者達にとっては極度に恣意的で空想的なものに見えるだろう。しかしながらそれらは説得力のあるものとなる。一方において様々な伝統のデータの権威を認め、――そしてわれわれはここでこの権威の有効性に立ち帰る必要はない。それはあらゆる形態における伝統という「自然的に超自然的な」現象の本性そのものと一致する。――そして他方において、人間の主観性が含意するあらゆる直接的なそして間接的な帰結をいかに引き出すかを知るならば。近代の哲学者達が、最も傲慢な心理学者達を含めて、決して把握することができず、そして把握する事を望みもしなかったものは、まさにこの主観性の目も眩むように明白な神秘なのである。そしてそのことは驚くべきことではない。なぜならそれは、形而上学的真理や神秘的経験への鍵を提供するからである。その一方は、他方と同様に、われわれのすべてを要求する。

「汝自身を知れ」とデルフィの神殿の銘文は語る[18]。そして同じ事が次のハディースによっても表現されている。「彼の魂を知る者は彼の主を知る。*6」そして同様にヴェーダにおいても。「汝はそれである。」すなわちアートマン、超越していると同時に内在している自己である。それは、様々な周期を経験し位置づけによって決定される無数の相対的な主観性の中へと自らを投影する。そしてそれは最もささやかな一輪の花から直接的な神的顕現である化身にまで及ぶのである。

第2部　伝統の世界

位格的な面の神秘

イスラームの預言者ほど神を愛した「使徒」あるいは宗教の創設者は存在しない、そして彼ほど神に愛された者は存在しないという、かなり驚くべき見解に人は一部のムスリム著作家において出会う。これは単なる偏見や無知や想像力の欠如の問題だと言われるであろう。そしてそれは事実上その通りである。しかしそれは全面的な説明ではない。なぜなら今問題にしている見解は、宗教的な感情あるいはほとんど道徳的な行為として、純粋に人間的な選択の次元を超えた背景から恩恵を被っているからである。

謎を解く鍵は、超位格的な神性の言わば「人間的」あるいは「人格化」された面である唯一つの人格的な神だけがあるわけではなく、神の「宗派的な面」と呼べるものが、この最初の位格的段階の下に、そしてその機能として、存在するということである。それは神が特定の宗教に向ける面である。それは神がその宗教に投げかける眼差しであり、そしてそれなしではその宗教は存在することすらできない。別の言葉で言えば、神の「人間的な」あるいは「人格的な」「面」は、諸々の宗教的、宗派的、あるいは霊的観点に対応した様々な様態を取るのであり、それゆえそれぞれの宗教はそれ自身の神を持つと言うことができる。そのように言う事によって、神が一つであること、そしてこの一性は何時でも多様性のヴェールを突破することができるということを否定するわけではないが。イスラームの神が、自分自身をキリスト教の神とは違った仕方で顕現しあるいは顕現することができるという事実は、キリスト教徒とムスリムが本質的には同じ神を崇拝しているということを妨げない。

神的有は、あらゆる霊的可能性、そしてその帰結としてあらゆる宗教的・神秘的原型を包含している。そして有は、それらを存在へと投影し、各々に特定のそして適切な眼差しでそれらを見る。このことと類比的な意味で、天使達はそれぞれの個人にふさわしい言葉で語ると言われる。この「眼差し」あるいは「面」は、それ自体としての神の主観に従属する一種の新しい「神的な主観」であり、そしてそれを人間に対して特定の様態で伝達する。それは色のない光が光であることをやめることなく虹の色を投影するようなものである。またそれは水が氷へと変容し結晶化を引き起こし、そしてその結果、異なったそして対立しさえする顕現を引き起こすようなものである。諸宗教や諸宗派や諸々の道の間に対立が存在するならば、それは諸原型の間に競合が存在するからである。これらは決して根本的に矛盾するものではあり得ない。赤色や緑色の外見的な対立は正しくそれらの色のない起源において解消される。しかしそれにもかかわらずそれらは相互に排他的である。その中心部を除いては。その中心部は定義上、形式を超えており、そして純粋な光へと開かれている。

位格‐面あるいは眼差しは、単なる抽象ではなく、特定の或いは集団的な人間的受容者に向けられた具体的な神の自己限定であるということ、そしてそれは人間的なマーヤーの中に、それ自身の法と、それ自身の可能性と、それ自身の驚異を持った特定の世界全体を投影するということを理解することが重要である。この意味において宗教を換えることは惑星を換えるようなものだと言うことができる。そして他の宗教を現象として理解することは何よりもそれが惑星であり単なる大陸ではないということを把握することである。もちろん、遠さや差異や、またその結果として他の宗教的環境が引き起こしうる違和感に程度の違いはあろうが。

太陽は一つであるが言わばそれは諸惑星を様々な眼差しで見ているのであり、そしてそれは宇宙における諸惑星の位置によって様々な仕方で見られるのである。これはおそらく単純なイメージであろうが、いずれにしても要点を説明するのに十分に適切なものである。

顕教的には、ムスリムの言葉で言えば、神はイスラームを創設するためにムハンマドを遣わしたと言えよう。秘教的には、神における「イスラーム的可能性」の原型がこの可能性を存在へと投影し、そしてそれによってこの投影のために神そのものとなったと言える。この投影は、それ自体としての神と分離されていないが、ある種の仕方で神を「特定化」するのであり、それにもかかわらず、人間的受容者に対して、それ自体としての神のあらゆる特質と働きを伝達する。しかしそれはまさしくこの特定化によって要求される特定の「様式」に従ってである。

それぞれの神の面はそれを表現する中心観念によって働く。そしてその観念が全てである。人が、キリスト教的な環境において「キリスト」と言うならば、その人は全てを言うのである。救済する顕現の神秘が他の全てに勝る。唯一の決定的な真理のみがあり、それはすなわち「神が人間となったのは人間が神となるためである」ということである。さて、「位格的特定化」――「神と人間」の関係のこの特定の側面を世界へと投影した「神の面」――は、ある意味において、その原型が人間世界において引き起こすあらゆる結果について責任を引き受けた。宗教的偏見という極めて自然な現象も含めて。しかしながらこの限定においても、神は神であることをやめるわけではない。ただ一つの神があり、そして神は、神の特定の投影のうちのいずれの一つにも絶対的な勝利を許すことはない。神は外からあるいは内からそれに対抗するのである。すなわち他の宗教によって、あるいは永遠の叡智によって。spiritus autem ubi vult spirat.（風（霊）は、その望むところに吹く。）*1

ムスリムの環境においては、中心観念――言わば存在論的に議論の余地のない観念――は、唯一の神の公理である。アッラーと言うことは、全てを言うことである。この言葉はあらゆる異議に対して殆ど存在的な仕方で扉を閉ざす。そしてこの絶対性の特質は必然的に使徒に及ぶ。そしてそれがアッラーの使徒すなわちこの名が表現し顕現する中心観念の代弁者よりもアッラーにより多く愛された者は存在しないということを、清い良心のうちに、そして対応する「位格的な面」の眼差しのもとで(1)主張することを許すのである。これはわれわれが一度ならず「相対的な絶対性」と呼んできたものの一例である。これは確かに逆説的な表現であるが、形而上学的な分析においては不可欠なものである。[2]

よりはっきりと言えば、キリスト教における中心観念は、唯一の神人の目も眩むような現象であり、その人は比類がなく、まして超えることはできない。そして彼のみが霊魂達を救うことができる。ムスリムにとって中心観念は、分割不能、不可侵、無敵の唯一の原理、絶対の眩い自明性である。絶対の確実性は絶対的である。「一性の教義は、唯一である」ように、そして救い主への信仰が人を救うものであるように。

それぞれの宗教は、単に教義的・神話的・方法的な体系であるのみならず宇宙的そして終末論的な体系でもある。人は一つの体系の価値を他の体系の基準で計ることはできない。[3]そしてこのことは、それらの共通の本質の明白な同質性と矛盾することはない。

宗教としてのキリスト教は一つの方便、「救済的な術策」であり、それゆえ幾つかの可能な形式的体系の中の一つの形式的な体系である。そして伝達者の神性はこの事実を変えはしない。「神のみが善い」とキリストは語った。キリスト教の体系の限定はまず、「罪人」としての人間の公理的定義において現れる。人間はこの基盤からのみ神に近づくことができるのであり、そしてそこからあらゆる覚知（グノーシス）に対する暗黙裡のあるいは明示的な拒絶が生じる。しかしまた人間は「神の子供」であり、神は「父」であり、そしてさらに「私の王国はこの世のものではない[*2][4]」のである。これらすべてのことは、霊的な人間の社会を対象とする愛のエゾテリスムを示している。しかしそれは人間全体に対して向けられたものではない。実際、この「聖人達の知恵」の法律的な適用は、社会体において危険な分裂を引き起こしたのである。とりわけカトリックの世界における聖職者と俗人の間の潜在的な緊張あるいは間歇的な争いによって、キリスト教の歴史において示されているように[5]。

イスラームを管轄する「位格的な面」は、この観点全体に対して「反発」したのである。分裂と不均衡の危険に対してのみならず、「人間は罪人と等しい」という観念、そして「神が人間となった」という観念に対してもアプリオリに反発したのである。この第二の観念は、三位一体論を決定づけ、あるいはより正確に言えば、三位一体の側面と絶対の同一視をもたらしている。そしてそこから事実上すべてを支配する「キリスト中心主義」が生じるのである。一方においてイスラームは言わば神をその原初の意味へ、そしてその超越的な本質へと連れ戻し、また一方では、人間をその原初のそして「超自然的に自然な」祭司職へと連れ戻す。そしてそのことによって社会全体を聖化するのである。

イスラームにとっては神は「父」ではない。少なくともアプリオリには万人にとってはそうではない。むしろ神は「主」であり、それは集団全体に関する限りはより適切なものである。人間に関しては、彼は「下僕」であり、「子供」ではない。その表現はムスリムの感情にとっては神秘的な親しさを前提とするであろう。しかし人間はまた、まさしくその人間的尊厳によって、地上における「代理」であり、それゆえ神の代理者である。この観点によれば、神への愛は、それがイスラームの公理に基づいている程度に従って、卓越したものである。神は、奴隷であり代理者である者、神の一性の鏡である者を、最も優れた仕方で愛するのである。ムスリム達は、彼らの体系の枠組みの中では、そのようにしか「推論する」ことができないのである。[6] 彼らにとってムハンマドは卓越した意味で「下僕」である。なぜなら彼は、「主」の観念に従って、被造物の「服従」を体現しているからである。そして彼はまた卓越した意味で「代理者」である。なぜなら彼は、完全な法を体現し、そしてこの基礎の上に立って、霊的であると同時に現世的な王の権能を行使するからである。[7]

神は自分自身に矛盾することはできない。それは明白である。しかし神は、神の一つの実体の様々な側面を顕現することができる。この様々な側面は、マーヤーによって差異化される。キリスト教的体系は、「肉」「自然」そして現世的なものに対して敵対的であり、あらゆる性的ヨーガや「タントリズム」を厳格に排除する。一方でイスラームの体系は、自然的規範や均衡に対して好意的であり、賢明であると同時に寛大な自然がわれわれに提供するものを聖化する傾向がある。なぜなら人間は、彼の周囲や人生におけるそれ自体としては無垢な諸々の事物を支配し超越するためだけに存在しているわけではなく、それらを高貴なものにし聖なるものとするために、要するに、それらを彼の「垂直性」のうちに、彼の召命と道のうちに統合するためにも存在しているからである。犠牲の神秘主義だけが存在するのではなく、感謝の神秘主義もまた存在する。

神の「位格的な面」は様々な原型を「人格化」する。先ほどわれわれが言及した「神への愛」という観念そのものも影響を受け差異化される。キリスト教の観点においては犠牲的なこの愛は、イスラーム的な観点においては、より「包括的」であることを、そのことによって禁欲を無視することなく意図する。なぜならそれは存在そのものが私達に与えるあらゆる様態を実現するように想定されているからである。アプリオリには神自身への、そして神への愛への、宗派的な付加にぶつかる場合は、この諸原型の戯れを考慮に入れることが必要である。そしてこの付加が関係している位格的な面は、それが作り出した共可能性の世界に適合した意見や感情の保証者に必然的になるということを理解する必要がある。たとえこのことが、象徴の殻の破壊や、「あらゆる場所、あらゆる時における」真理であるその本質の顕現を極めて逆説的に引き起こすことが時としてあるとしても。(8)各々の宗教は神から来るものであり、そしてその理由のゆえにある特定の信条の枠組みの中にある程度までそしてある側面において神を「引き入れる」。しかしこのことはそれによって神をその自存性において特定の信条の信奉者とするわけではない。それは不条理なことである。

差異化された啓示の地平においては、神は、対立によって働くということもできる。神は初めから真理をそのあらゆる複雑性において啓示するのではない。継続的にそしてあるいは散発的に、対立する諸側面を啓示し、(9)そのそれぞれは、その中心部において全体的な真理へと開かれている。そして全体的な真理は、無償の仕方で自らを明かすことはない。なぜならそれは、最終的には人間の全体にかかわる要求を有するからである。

たとえ間接的なものであれ、キリストよりもより完全な宗教的使徒が存在するという主張には、何か深く衝撃的なものが否定すべくもなく存在する。しかし人は、ムスリムの観点からは、内在する三位一体の力によってイエスが神であるという主張、(10)それゆえある意味において神はイエスであるということは、その観点の外では少なくとも先の意見と同様に衝撃的なものであるということを見失ってはならない。また同様に、ヒンドゥー教徒や仏教徒にとって、彼らの啓示が単に「人間的」あるいは「自然的」なものであり、それらはいかなる意味でも「超自然的」ではなくキリスト教だけが人間を救うことができるという主張あるいは意見は、キリスト教徒にとってのキリストの過小評価と同様に、嫌悪すべきものである。(11)さらにまた同様に、ユダヤ教徒にとって、そしてまたムスリムにとっても、エノクやノアやアブラハムやモーゼやエリヤがナザレのイエスの登場によってのみ楽園に入ることができたと聞くことは嫌悪すべきことである。彼らは神的な力すなわち実際上その位格に相当する「神の名」、それゆえ非時間的にして超歴史的なロゴスの介入を原理的には受け入れるであろうけれども。(12)

あらゆることを考慮に入れると、ある特定の宗教的使徒が他のある使徒よりもあるいは他の全ての使徒よりもより完全に神を愛したという観念は、われわれにはかなり不必要な贅沢品に見える。イスラームにおいてはそれは最も偉大な著作家達のうちの一人からさえもたらされる。それはクルアーンからもスンナからも帰結するものではない。それは敬虔な行き過ぎに過ぎないのである。宗教的な領域において、そのような自発性あるいは逸脱は避けうるのか、そしてどのような程度においてそれらは避けうるのか、という問題が残る。人間的に言って、宗教は部分的には熱意によって生きており、いずれにしても、誰も信仰の横溢や神学的あるいは神秘的な思弁に限界を押し付けることはできないのだから。

われわれにとって重要なことはなぜ極端な意見が——それらのレベルがいかなるものであれ——宗教的環境において存在するのか、ということだけではなく、なぜそれらが最も高い段階の秘教徒達の間においてさえ見られるのか、ということを知ることである。疑いもなくここでは信愛（バクティ）*3すなわち神秘的な愛の要素を考慮に入れなければならない。それはすべてを献身の一つの流れの中に包み込み、批評的な感覚によって自らを悩ませることはない。批評的感覚はそのような環境においては不調和あるいは殆ど裏切りに見えるのである。伝統の神話的庭園は閉ざされた幸福な一つの系であり、瞑想者達は「比較宗教」のような「厳密科学」の冷たくそして中立的な空間の中に入るためにそこから出て行くことを望まないのである。もし覚知者が形式の世界を超越することを義務づけられていると考えるならば、彼はそのことを彼自身の庭のまさしく中心に位置する摂理的な開口部を通して為すだろう。彼は純然たる真理の最高段階へと突入することを厳格に宗派的な環境の中では躊躇するだろう。このことはより少なく感情的でより多く客観的な見解がそのすべての権利を保つことを妨げない。そしてそれは、偉大なる秘儀通暁者達が自らを置くことを意図する普遍的な地平においても、より強い理由によって当てはまる。そして彼らが得ている情報が十分である程度に応じて、彼らはそこに自らを置く。(13) 現象の正確な知識は、神の深い認識にとって有害なものでは確かにない。

要約すると、宗派的な環境の中で出会う極端な意見に対しては、二つの「酌量すべき事情」があると言うことができる。第一にそれは今指摘したように正確であるよりも敬虔である思考を好む信心的な心性である。第二に先に述べたように中心観念の抵抗しがたい自明性、そしてその打ち勝ちがたい力である。この観念に従って、あるいは、この神の「面」の影の中で、著しく偏った逸脱した意見さえも形式的にあるいは暗黙裡に少なくともある種の尤もらしさを帯びるのであり、非常に限られた側面においてはそれらは許容可能であるか、あるいは、それらはそれらの字句的な意味とは独立して真理を表現している。いずれの場合にしても、それらを象徴とみなすのが最善である。それらが根本的に常軌を逸したものでない限りは。そしてそれらを直接的あるいは間接的に決定付ける中心観念の外でそれらを見ないことである。その観念は、たとえ常にそれらの意見を正当化しあるいは留保なく確証することはできないにしても、少なくともそれらを許容することができる。絶対を人間的幻影に投影するこの中心観念、そして、宗教的な世界においてはそれが全てなのである。

宗教類型論の概要

絶対[1]は二つの道によって接近することができる。一つは「それ自体としての神」に基づく道であり、もう一つは「神が人間となった」ことに基づく道である。これが一方においてはアブラハムの宗教、モーゼの宗教、イスラーム、プラトン主義、ヴェーダーンタなどと、もう一方においてはキリスト教、ラーマ信仰、クリシュナ信仰、浄土教、そしてある意味においては仏教全体とを区別するものである。

これらの道のうちの第二のもの、すなわちロゴスの道は、私達を向こう岸へと連れて行く小舟に譬えることができる。離れた土地は、小舟の形のもとに、それ自身を近い土地にするのである。私達は人間であるゆえに神は人間となった。神は私達自身の形を取ることで私達に手を差し伸べた。このことは第一に、人間は神によって差し伸べられたこの手によらなければ自分自身を救うことはできないということ、そして第二に、「神が人間となった」救いの経綸と神話の中で、「それ自体としての神」の像は霞んでしまうということを意味している。

これとは反対に、これら二つの道のうちの第一のものは、堕落していようがいまいが人間はその本性そのものによって神への通路を有しており、そして人を救うのは「それ自体としての神」に対する信仰であるという考えに基づいている。しかしこの信仰は完全なものでなければならない。それは私達のすべてを含んでいなければならない。すなわち思考、意志、活動、感情を。そしてこれが、個人に対してと同様に集団に対しても、聖なる法が実現することを意図しているものである。(2)人間は自分自身を神の形に似せて作られた本性に完全に適合させることによって救われる。聖なる法は、本質的に、そしてそれゆえ原初的に、われわれがそうであるところのものである。

これらの根本的な二つの道のいずれも他方の真理を完全に排斥することはできないということは事物の本性に属している。たとえ象徴的なものであっても、ロゴスの道は、それ自体としての神の道の枠組みの中に二次的な場所を見出さなければならない。そしてまた逆も然りである。シーア派は、そのアリーとファーティマのほとんど神格化に近い崇敬や、それ以降のイマーム崇敬によって、言わばイスラームの中にキリスト教的な観点を投影している。浄土教は、阿弥陀仏の慈悲への救済的信頼によって、この同じ根本的な観点を仏教の中に導入しているように思われる。(3)ヒンドゥー教は、予想されるように、その両者の観点を包含している。一方にはクリシュナ信仰があり、またもう一方にはヴェーダーンタもある。

しかしながら、シーア派や浄土教のような極端な例では不十分である。なぜなら、ここで問題となっているのは、このような特殊な結晶化においてのみならず、何よりも宗教一般においても、他方の観点を見出すことだからである。例えばロゴスの崇拝は、イスラーム一般において薄められた仕方でそして言わば中性化された仕方で、ムハンマドの神秘的な崇敬のうちに見いだされる。その公式的な表現は「預言者の祝福」である。ロゴスの崇拝は仏教一般においても同様に見いだされる。ほとんど崇拝に近いブッダの崇敬の形をとって。それに関してはブッダの古典的で普遍的なイメージが最もよく知られているしるしである。

明白に逆の反響もまた存在している。そしてそれは、「人となった」ロゴスの宗教が、彼をある程度まで言わば「それ自体としての神」であるように見るという事実によって極めて逆説的に表明されている。彼らもまた法に頼ることによって、完全にそして原初的に人間的なものを実現することを目指している。しかしそれを「肉となった御言葉」の観念と堕落によってしるしづけられた人間の根本的無能力という観念から出発してなすのである。それゆえ彼らの一般的なそして決定的なものの見方からは離れることなく。

一方はそれ自体としての神に中心を置き、他方は人間となった神に中心を置く、二つのタイプの宗教の対立は、神と人間の間の二重の関係だけではなく、妻と夫、人民と王、そして、この種のその他の関係を想起させる。諸宗教間の対比において、神への通路は直接的なものと間接的なものがあるということをわれわれが示したのであれば、純粋に人間的な状況についても同様のことを言うことができる。妻は別の地平すなわち彼らの共通の人間性という地平においては夫の友人であるという条件のもとにおいてのみ夫に従属することができる。同様に王政の最も基本的な規範の一つは、過去の偉大な王達の模範によって示されているように、一方において王が人民を統治せねばならないとすれば、他方において彼は人民に対して人間同士の関係を維持するように常に努めなければならないということである。

西洋人達にとって預言者（ムハンマド）*1の人格に接近することは以下の要因によって言わば阻害されている。一見したところ奇妙にも「平均的な人間」の、そして「現世的な」いくらか「不連続的な」預言者の言葉。そして彼の私生活におけるいくつかの複雑な事情や事件。そして何よりも、彼をキリストの上に置く公式の主張。それゆえ、預言者の人格への接近は、イエスの人格の忘却と無理解を結果としてもたらすだろう純然たる改宗の場合を除いては、形而上学的あるいは秘教的な迂回路によってのみ可能になるとわれわれは言うのである。それは現象を内側から把握し、総合から分析へと向かって進み、本質から形態へと、あるいは、実体から偶有へと向かう。われわれはこのことに関して他の機会に述べたので、ここでは以下の事実確認に止めておこう。それはアプリオリには論点先取のように見えるかもしれない。しかしそれは全く重要なことではない。なぜならムハンマド的現象の霊的・宗教的・文化的・歴史的な結果は、その正当性、有効性そして偉大性を証明しているからである。キリストは言わば心ならずも人間的状態を通過し、そこにおいてほとんど異邦人として自らを見出したのに対して、預言者は神の次元から故意に離れている。なぜならイスラームの存在理由は、神の使徒が「人間で、全くの人間で、人間に他ならないもの」であることを望むからである。それゆえ預言者は人間的状況のうちに地に足をつけ、そしてそのことによって、肯定的に人間的で自然な全てのものを完全に受け入れ実現しているのである。そしてこのことがキリスト教徒に対しては彼の聖性の徴を曇らせる。預言者は本質的に社会の感覚を持っていた。一方でキリストは、それ自体における人間だけを考慮に置いていた。それで聖パウロは、結婚の社会的な有用性を意識してはいたが、それを一種の懲罰のようなものにすることを望んでいるように見える。*2 聖霊のために独身を選ばなかった人間に対する仕返しのように。そして、聖霊に言及し、その参与を願う結婚の秘跡化にもかかわらず。(4) いずれにしても、教義的な定式や道徳的な規定は、このように言ってよければ、必然的にある種の乱暴さを帯びる。宗教はニュアンスによって作られるものではない。

以下の言明がいかに奇妙に見えようとも、——そしてキリストの場合においてはこのような言明は意味を成さないであろうが、——ムハンマドは「合理的なもの」*3 の預言者であった。もちろん凡庸な合理性ではなく、心理学的なそして社会的な現実主義からなる合理性であり、そしてそれゆえ上昇の道の支柱となりうる合理性である。時として、しかし稀にではなく、預言者はキリスト教徒の苦行者達のように「敬虔な無分別」になることができた。そしてわれわれが以前に述べた秘教的な禁欲主義が依拠しているのは、これらの「非典型的」な例である。非典型的であるというのは、これらの例はその宗教一般の節度と均衡の原理に対して——対立するものではないにしても——異質なものだからである。

預言者はすべての霊的可能性の総合を実現しており、一方で他の使徒達はこれらの可能性のうちの一つを代表しているのみである、あるいは少なくとも、一つを強調しているだけである、とスーフィー達は言う。イエスの、「外面的な順守」に対立する「内面性」そして「本質性」のメッセージが明確で衝撃的なものであるのに対して、預言者の霊的人物像を多かれ少なかれ「曖昧な」ものにするのは、まさしくムハンマドのメッセージの総合的均衡的な性格である。少なくとも外部から、そして必要な鍵の不在のもとに見られた場合には。しかしながらムスリムにとってはこの人物像は完全に理解可能なものである。なぜなら彼らは預言者を、あらゆる領域の偉大性や美しさを体現した者として先ず認識するからである。もちろん単なる空想に基づいてではなく、この英雄の生涯に次々に生じた大小の様々な事件の複雑な行程を辿ることによって。ある意味においてイスラームの観点は使徒に関しても、そして霊的生活に関しても、分析から総合へと進むと言えよう。他方キリスト教の観点は両者に関して逆に総合から分析へ進むように思われる。

象徴的な真理は常に字義的であるとは限らないが、字義的な真理は必然的に常に象徴的である。キリストや聖母やキリスト教徒に関する様々なイスラームの伝承はもちろん字義通りに受け取るべきではない。そしてそのことは正しくそれらの意図や象徴性を無効にしない。しかしながら、イスラームが、キリストの人格の外においても救済の可能性は存在するし、常に存在してきたと教える時、そしてキリストは他のいくつかの救済的顕現の中の一つであると言う時、――そのことは彼が他の者と同じであるということを意味しないが、――イスラームは文字通りの真実を教えているのである。(5) 少なくともこの特定の側面に関して。イエスは排他的に「門」であり「道」である。*4 しかし「門」あるいは「道」は排他的にイエスであるのではない。ロゴスは神であるが、神はロゴスではない。問題のすべては、どの程度までわれわれがこの言明を受け入れるか、そしてどのような結論をそれから引き出すかということである。

全く違った観点からは、禅において公案と呼ばれるものと実践的に比較可能な要素を全く含まない宗教というものは存在しない。すなわち心の殻を破るために――もちろん下からではなく上から――意図された、論理的に困惑をもたらす定式である。そしてこの意味において、あらゆる宗教はいずれかの側面や細部において「神の愚かさ」[*5]である。しかしそれはアプリオリにはそのメッセージ全体の目も眩むようなそしてほとんど存在的な自明性によって埋め合わされている。懐疑主義者や好事家は不可避的な矛盾に衝突するであろうが、宗教の中には彼らに言い訳を許さず逆に宗教的な象徴の不協和音についての十分な弁明を提供する根本的要素が常に存在する。

宗教類型論の問題に関する、そして結局のところ教義的言語一般の謎に関する、これらすべての考慮の後で、われわれはわれわれの主題をこの同じ章の中で変更することができると信じる。そして関連する別の問題に触れよう。それはキリスト教的な西洋とムスリム的東洋との間の関係、あるいはある種の諸関係である。われわれは「触れる」と言った。この問題を深くまで取り扱うことはここでは問題としないからである。最初にわれわれは以下の現象を指摘しなければならない。多かれ少なかれイスラームに近い西洋人達は、他の西洋人達がそれを誤解していると言って、そして愛を持ってそれを研究する代わりにそれに対して赦し難い偏見を抱いていると言って非難する。この非難は全く不当なものであり、更には馬鹿げてさえいる。なぜなら、あらゆる可能な偏見を別にしても、――そして西洋人達というのは偏見を持っている唯一の人々ではない。――イスラームがキリスト教の教義を拒絶し、クルアーンを福音書の上に置き、キリストの位置に預言者を据え、そしてキリスト教はムスリムの宗教にその座を譲らなければならないと信じている、というのは事実だからである。これらの意見は、キリスト教徒の目においてイスラームを受け入れがたいものに、そして嫌悪すべきものにさえするのに十分である。全面的な真理の観点から重要なことは、――われわれはすでに言及したし、そしてもう一度繰り返すが、――イスラームの反キリスト教的な主張は、象徴的・外形的そして「術策的」な意味しか有していないということ、明らかに歴史的現象とは無関係な肯定的な霊的意図から結果するものであるということを知ることである。同様のことは必要な変更を加えて、他のすべての宗教を無効化しようとするキリスト教の主張についても言える。疑いもなく神は様々な違った宗教が同じ惑星の上に共存することを望んだ。これらの世界のいずれにおいても他の世界が考慮に入れられることを神は要求しない。それは個人が自分自身を「私」だと信じるのと同じ「存在的な論理」によるものである。もし神が異なった諸宗教が存在することを意志したのであれば、神は、ある宗教が別の宗教であることを望むことはあり得ない。それぞれの宗教は堅固な境界線を持たなければならない。

通常の条件下においては、ムスリムは、背教なしにそれから離れることは彼にとって不可能なほどに彼を包み込みそして貫くただ一つの宗教を持つ。この当然の言明は驚くべきものに見えるかもしれない。しかしながらその機能はわれわれが次のように付け加えるなら直ちに理解されうる。ムスリムとは逆に平均的なキリスト教徒は、実質的に三つの宗教を同時に持っているように見える。第一にキリスト教、次に「文明」、そして最後に「祖国」あるいは「国家」あるいは「社会」あるいは流行の変動や環境に従ってその他の政治的なイデオロギーを。本来的に宗教と呼ばれるものは片隅に追いやられ、人間の反応は区分けされている。[(6)] この現象の原因の一つは、新奇さを求める根深い傾向であり、それはすでに所謂古典時代のギリシア人達において周知のものだった。そしてケルト人達やゲルマン人達においても。そこから変化への傾向、不信への傾向、そしてルシファー的[*6]な冒険さえもが生じてくるのである。その傾向は確かに、千年以上にわたるキリスト教の支配によって中和されてきたが。しかし極めて逆説的なことに、この文化的な不統一の原因の一つはその宗教そのもののうちに存在する。それは確かに間接的な原因ではあるが、既に指摘した諸原因と長い目で見れば結合している。それはすなわち、キリスト教の教義と手法は、多数の人々の心理的な可能性を超えており、そして宗教的領域と世俗的領域の分裂を引き起こしているという事実である。それは人間を聖なるゲットーに閉じ込め、そしてその誘惑的な誘いとともに「世」へと閉じ込める。西洋人達にとってはその誘惑は抵抗不可能なものである。その誘惑は哲学的・科学的・芸術的そしてその他の冒険へと向かわせる。ますます宗教から遠ざかり、そして最終的にはそれに対して反対するに至る冒険へと。

イスラームは言わば不毛であり、創造的なイニシアティブを破壊していると言うことができよう。おそらくその通りである。しかしイスラームはそのことを故意になすのであり、そしてそれには十分な理由がある。なぜならそのことによってイスラームは、ますますプロメテウス的になり危険なほどに「文明化」された西洋に対峙しつつ、聖書的な世界を一千年紀とそのおよそ半分にわたって維持することができたのである。疑いもなくイスラームは東洋全体に侵入してきた頽廃を逃れることはできなかった。稀な例外を除いては。それは言わば受動的な頽廃であり、活動的で創造的な逸脱に熱中している西洋が経験していないものである。それにもかかわらずイスラームは東洋を数世紀の間、文明主義者のウイルスから守ってきた。その拡張は相当に遅らされ、そしてその効果は防御的な仕方で多かれ少なかれ緩和されている。[7]西洋の方は、その逸脱の枠組みの中で、またそれと独立して、東洋においては——至る所ではないが、あまりにも多くの領域において——深刻に侵食されてしまった人間の特質を維持することができた。その侵食の程度は、西洋人のある種の判断が少なくとも酌量すべき事情の恩恵を受けるほどである。植民地主義者の優越感は、熱心であると同時に夢想的な東洋の擁護者達が考えたがるような、常に全く根拠のないものというわけではない。[8]

もちろん、真理に敵対しそして最終的には人間に敵対するルシファー的な知性の乱用は、単なる道徳的な弛緩よりも遥かに悪い。しかし堕落した東洋が、可能になるや否や西洋的な近代主義と連帯するようになった際のその驚くべき容易さは、両者の行き過ぎにおいて、摂理的な相補性のようなものが存在するということを証明している。そして道徳的な弛緩は、ある点を超えると、霊的な観点それゆえ真理の観点から見て、人が一見してそう信じてきたであろう程には、あるいは伝統への愛からそう信じる事を望んできた程には、全く無害なものではあり得ない。[9] それに加えて、現実的に伝統に帰依するということは、識別をもってそれに帰依するということであり、単なる習慣的行動によってではない。政治的な状況がそれを許すや否や、あるいはそうするように招くや否や伝統を見捨てるほどにまで、あるいはそのような行為を抗議することなく受け入れるほどにまで至った識別の欠如は、伝統的な精神を持つことでは全くない。そして留保なく尊敬されたり模範として引き合いに出されるに値する精神性を証明していない。[10]

一般的に言って、われわれの世紀の最も失望させる発見の一つは、平均的な信者は、どこにいようとも、最早信者ではないということである。彼らは彼らの宗教に適合した感性を最早持っていない。彼らに対して人はどんなことでも言うことができる。人間はカリ・ユガすなわち「鉄の時代」のうちに浸っている。そしてほとんどの人間は彼らの宗教にふさわしくない――もし彼らがまだいずれかの宗教を持っているならばであるが――自分の宗教を意識的にそして確固として表明することができないほどに。それゆえ彼らがある特定の伝統的な世界を体現していると――すなわち彼らが、この世界がそうであるものであると――信じることは世間知らずなことであろう。日常的な東洋が未だに伝統的であるかどうかという質問に対しては、然りとも否とも答えられよう。人は理由を知りつつ単純に然りと答えることができない。また問題の複雑性を考えれば単純に否と答えることもさらに不適切であることは間違いない。これらすべてのことは、章の始めにおいてわれわれが語ってきた宗教類型論とは無関係である。しかし悪は欠如と同様に超過からも生じてくるものであり、そして善なるものの変造は両方の誤りを含んでいるのであるが、(11)ある宗教の形式的な特徴は必然的にある種の堕落の生成に影響を与えるのである。極めて間接的に、そして転倒によってではあるが。そしてこのことは西洋の逸脱においてのみならず東洋の頽廃においても看取できるのである。「物質主義」という単純な用語によっては明確に規定することができないこの逸脱を根本的に特徴づけるものは、哲学的、芸術的そして科学的な、知性の三重の濫用である。「古典的」ギリシアによって開始され、キリスト教の千年紀によって中和され、そして最終的にルネサンスによって再興されたこのルシファー主義から、近代世界は生まれたのである。さらにそれは西洋に固有なものであることをやめており、このことは西洋人だけの落ち度によるものではない。

極めて明白に、至る所において、霊的な人間と世俗的な人間の決定的な違い、あるいは伝統的な人間と反伝統的な人間、正統的な人間と異端的な人間の違いが存在する。しかし全体的な人間的価値の観点からは、東洋と西洋の間の決定的な違いというものは存在しない。もし第一に西洋が伝統的な東洋を必要としているとすれば、第二に東洋は、東洋によって教えを受けた西洋を必要としているのである。

二つの秘教

　エゾテリスム（秘教）という言葉は第一に相補性の概念、言わば「半分」の概念を示唆する。秘教は顕教の補完物である。それは「文字」を補う「霊」である。啓示の真理、それゆえ形式的・神学的な真理があるところにはどこにでも、そこにはまた知性認識の真理、そしてそれゆえ形式を越えた形而上学的な真理がなければならない。それは法律主義的なあるいは義務的な真理ではなく、事物の本性から生じる真理である。そしてまたそれは召命的なものである。なぜなら、あらゆる人がその本性を把握できるわけではないからである。

　しかし実際にはこの第二の真理は第一のものからは独立して存在している。それゆえそれはその本質的な現実においては補完物あるいは半分ではない。それはただ外的に、そして言わば偶然的にのみそうなのである。このことは、秘教という用語は、部分的真理の体系の中に入ることによって色づけされた限りにおける全面的真理を指すのみではなく、色づけされてない全面的真理そのものをも指すということを意味する。この区別は単なる理論的な装飾品ではない。それは極めて重要な帰結を含意する。

現実には秘教そのものは形而上学であり、それには知性認識のための適切な手法が必然的に付随する。しかし、ある特定の宗教の秘教、より正確に言えばある特定のエゾテリスムは、この宗教に対して自らを適合させる傾向がある。そしてそのことによって、その本性とは異質な神学的・心理学的そして法的な迂回路に入っていくのである。他方それはその秘密の中心において、その本来的で完全な本性を保つ。それなしではそれは、現にそうであるところのものではないだろう。

一神教の諸聖典はそれぞれ方便を表現している。それは宗教的な観点であり、定義上特殊で限定されたものである。そして平均的な聖典解釈はしばしばそれによって影響を受けている。しかしながら諸宗教の根本的な定式あるいは根本的な象徴に関してはそうではない。それらはそれら自体においては全く限定的ではない。

キリスト教においては、教父による救済的相互性の定式は限りない価値を持つ宝石である。「神が人間となったのは人間が神となるためである。」それは聖書そのものと同等の資格において全面的な意味における啓示である。このように言う事は驚くべきことに見えるかもしれないが、それは「聖霊的な」可能性であり、その例は確かに非常に稀にではあるが、あらゆる伝統的世界において見出される。

「我は真実在なり」というハッラージュ[*1]の言葉もこの種の事柄の一例である。それは言わば「我は梵なり[*2]」というヴェーダの言葉のスーフィーによる等価物である。ハッラージュ自身はクルアーンのレベルに自らを置いてこのクルアーン以降の言葉の可能性を言明したのであるが、そのことに対して他のスーフィー達は少なくとも彼の時代には彼を赦すことはなかった。

イスラームにおいては、シャハーダ（信仰告白）[*3]における言わば陰陽の形での一性の言明――それは、いかなる宗派的な限定も含まない仕方で本質的形而上学を表現している。「私が世にもたらした最も貴重な物」――預言者によれば、それは同時にウパニシャッドとマントラの等価物であると言うことができよう。ヒンドゥーの言葉で言えば、それは同時にウパニシャッドとマントラの等価物であると言うことができよう。第二のシャハーダについても同様のことが当てはまる。それは預言者の使命を証言しており、そのことによって内在の神秘を喚起する。それはこの神秘を第一のシャハーダによって示唆された超越性の神秘に付加するのである。少なくともアプリオリに。なぜならこの定式もまた「内在主義的な」意味を持っているからである[(1)]。

しかし定式ばかりではなく別の次元に属する現象とりわけ人間的テオファニーも存在する。キリストは普遍的な象徴として、そして、秘教的な適用の観点から見れば、何よりもロゴスそのもの、そして照明を与えると同時に解放する内在する知性――aliquid est in anima quod est increatum et increabile（魂の中には創造されず創造され得ないものがある）[*4]――を表現している。聖母マリアは、成聖の恩寵の状態にある霊魂あるいはこの恩寵そのものを人格化している。人間存在の構成のうちに予型を持たないテオファニーというものは存在しない。なぜなら人間存在は「神の形に似せて作られた」[*5]ものだからである。そして秘教はこの神の鏡すなわち人間のうちに神的なものを実現することを目標とするのである。マイスター・エックハルトは内在する秘跡について語った。言葉の本来の意味における秘跡と同様に「適切な」象徴は支えとなりうると彼は語った。

それゆえわれわれは繰り返すが、多かれ少なかれ特定の神学に依拠し事実上伝統的な源泉によってわれわれに提供される様々な思弁——そしてこれらの教義や洞察が大変興味深いものでありうることは言を俟たない——に結び付けられた秘教と、宗教の核心的要素から、そしてまたそれゆえ事物の本性から生じてくるもう一つの秘教を区別しなければならない。確かにこれら二つの次元は結びつくことができるし、そして実際極めてしばしば結びつく。具体的に言えば、キリスト教的秘教は事実上、アレキサンドリアのクレメンス、[*6]オリゲネス、ディオニュシオス・アレオパギテース、[*7]マイスター・エックハルトであり、そして、ベーメと彼の学派を忘れずに付け加えておこう（2）。しかしそれはまたそして何よりもそして権利上、キリスト教の教義的・祭儀的そして「現象学的」基盤から生じる普遍的な真理とそれに対応する態度である。

一神教の秘教において非常に重要な役割を演じる聖典解釈に関して言えば、ある著作家達や「既成事実」に対する敬意が、この学は厳密な規則に従って遂行されると見なされているということを私達に忘れさせるべきではない。ガザーリー[*8]やその他の人々はこの点を強調した。しかし、この原則が宗教的そして神秘的な情熱の環境において常に守られてきたというのは全く実情に合わない。イブン・アラビー[*9]やゾーハル[*10]においてさえも解釈の濫用にぶつかることがあるのであり、それは極めて多くの場合において十分に限界づけられなかったバクティ（信愛）によるものである。要約すると、この領域においては区別されるべき三つの様態あるいは段階が存在する。第一に、所与の象徴から調和的に生じてくる解釈。第二に、字句的な意味に、この意味が含意することがないであろう異質な象徴を重ね合わせる解釈。第三に、字句的な意味に反する解釈。第三のものは、全ての神の言葉はたとえ否定的なものであっても肯定的な解釈を許容するという考えによるものである。ウラマー達[*11]のみならず秘教徒達の多くの見解において、その幾らかは酷く目につく濫用や信心深いこじつけの類をなしている。

しかし問題としている主題に戻ろう。疑いもなく不二一元論ヴェーダーンタは本質的なエゾテリスムであり、そしてそれ自体において十分なものである。しかしそれは補完物としてのエゾテリスムではない。すなわち感情的性格を持つ宗教体系に付け加えられたエゾテリスムではない。このことはヒンドゥー教の霊的手法の経綸内部におけるその位置が完全な孤立状態であるということを意味しない。実際その傍らにはラーマーヌジャのバクティ的ヴェーダーンタがあり、それは人格的な神の概念に基づくという意味で宗教的な神秘主義に対応している。その結果としてそれは、それらの平均的な顕現におけるセム的霊性と同様に二元論的であり主意主義的である。しかし不二一元論者達自身、バクティは一つの真理のある段階に、それゆえある必要性に対応するということ、そしてまさにその理由によってそれが正当なものであることを率先して認めるのである。

厳密にして普遍的なエゾテリスム——言わば「不二一元論」タイプの——は必然的にそして常にセム的一神教の環境においても存在してきた。そしてこの意見は以下の議論によって支持することができる。第一に、あらゆる宗教的環境においてそのような秘教が必然的に見出されるならば、それは至る所においてその本性がそれを要求する人々が存在するという単純な理由によってである。すなわち、その知性、識別そして観照の能力が純粋形而上学に、そしてそれゆえ対応する道に適合する人々である。第二に、もしこの覚知の多かれ少なかれ伝統的な実在を証明する文書記録がないとすれば、それは必然的に口頭において伝授されてきたからである。摂理的なある種の例外、そしてそれゆえそれらの次元において必要でもあった例外を除いては。覚知は、その乗り物たり得る顕教的体系から独立しており、また事実において不可避的に顕教的体系とは相容れない諸側面を含んでいるからである。

それゆえ厳密に神学的な観点からは、覚知は「第一の敵」であることは驚くべきことではない。その知性認識への依拠によって、それは啓示を迂遠なもの、余計なものにさえするように思われる。そしてそのことは神学的な言語においては「啓示を理性の判断に従属させる」と呼ばれる。この理性と知性認識の混同は非常に特徴的なものであり、それは全く公平無私なものではない。プラトンの予期された反論は以下に示す通りである。それは、宗教的な感情主義が極めて深刻な結果――「躓きは必ず起こる」がゆえに摂理的なものではあるが――をもたらしてきているため一層正当化される。「知識や思慮や知性を否定しておきながら、何らかの考えを強硬に主張する者がいるならば、あらゆる議論をもってその人と戦わねばならない」(『ソピステス』二四九)

信心主義的な心性は容易に次のような主張をする。純粋な知性は――彼らはそれを最も俗な哲学と混同している。なぜなら、彼らは理性しか理解しないからである。――「思弁」や「学説」そして純粋に「自然的な」物事しか目標としていない、と。他方で彼らによれば、宗教のみが「生命」と「超自然的なもの」を提供しうる、と。これは完全に論点先取の虚偽であり、「生命」と「超自然的なもの」は、知性の外においてのみ得ることができると主張しているに等しい。それは結局のところ、人間――彼のみが絶対を認識することができる知性を与えられている――が「神の形に似せて作られた」ということを否定することなのである。

われわれの時代の合理主義的疑似グノーシスは、最初の数世紀間の神学的反グノーシスに対する反動であるように思われる。そしてこの遠く離れた原因の復讐的な効果は、外からのみでなく、すなわち不信の世界からのみではなく、まさに教会の内部において作り出されているのである。実際に二つの原因がここでは結びついている。一方では覚知への憎悪、そして他方では新奇なことへの渇望と変化の要求である。これらは創造的で冒険的な、そしてその極端な結果においてはルシファー的な西洋の心性の特徴である。この心性は、摂理的であると同時に不幸にもキリスト教的「革新主義」とでも呼ぶべきものと結びついている。そしてより間接的にはユダヤ的なメシアニズムとさえも結びついている。

それはともかくとして、ヨーロッパにおいて第一に欠けているものは、形而上学的な知性や観照の能力ではない。欠けているのはむしろ、安定したもの、不変性の原理、要するに「不動の動者」[*12]

に対する感覚なのである。西洋人の「世俗性」は、彼らの発明的な肥大そして彼らの文化的な転変性にある。西洋人達は常に「これまで崇拝してきたものを燃やす」必要性を感じてきた。一方において東洋人の世俗性は、単に身体と霊魂の通常の情念の行き過ぎのうちに存在する。それが生じる民族的環境がどんなものであれ、特定の個人的或いは集団的な自然の賜物がどんなものであれ、こうした情念の行き過ぎが知性を曇らせることができることを想起するならば、それは十分に悪しきものである。

不動なるものの感覚の欠如や、固定した価値観や役割への評価の欠如は、形而上学的な精神性の欠如を証明している、という指摘がおそらくなされるであろう。これは大多数の人々に関してはその通りである。必然的に相対的な仕方で。しかしそれらは決して形而上学や観照の存在を排斥しない。それゆえ、これらの点において西洋は何も所有しておらず全てを東洋から学ばなければならない、と結論することは行き過ぎであろう。西洋のエリート達にとってヴェーダーンタの教義から霊感を得ること、神におけるマーヤーという中心観念を完全に同化吸収することは、確かに非常に重要な事であろう。たとえこの観念がマイスター・エックハルトや、疑いもなく他の人々においても多かれ少なかれ偶発的な仕方で見出されるとしても。しかし最終的には知性は全面的にこの観念に依存しているわけではない。*13 トミスムとヴィシュヌ的ヴェーダーンタによって証明されているように。凡そ西洋は本質的な全てのものを既に所有しているのであるが、それに耳を傾けることを望んでいないのである。そしてこのことのうちにその悲劇と不条理が存するのである。

信仰の世界における欠陥

婉曲語法を抜きにして言えば、宗教的な環境において出会う多かれ少なかれ非知性的な意見や態度の多さに人は驚愕し躓きさえすることがある。この現象の間接的な原因は、宗教は可能な限り多数の霊魂の救済を目的としており、知的なエリートの説明の要求を満足させることを目的としておらず、本来的な意味での知性そのものを直接対象とする動機は持っていないということである。その目的や大多数の人々の能力と適合して、宗教的なメッセージというものは基本的に直感・感覚・想像力に、そして人間的状態がそれを要求する限りにおいて意志と理性に、訴えかける。それは人間に、神、霊魂の不滅、そして人間にとって起こる結果といった現実を知らせ、自分自身を救う手段を人間に提供する。それはそれ以外のものではあり得ないし、またそれ以外のものであろうと望むこともない。それ以外のものを提供することもあり得ない。少なくとも明示的には。なぜなら暗黙裡にはそれは全てのものを提供するからである。

言い換えると宗教はアプリオリには平均的な人間の意志を行動へと「揺り動かす」ことができる

ものを対象とする。それは直接的な仕方で知性を対象とはしない。なぜなら霊的にそして終末論的に言えば、平均的あるいは普通の人間またそれゆえ大多数の人々を正しく知性は揺り動かすことはないからである。その結果として宗教は、あたかも知性が霊的な意志を決定付けることが決してできないかのように「ふるまう」。そこから「哲学者達」に対する、あるいは同じことになるが、所謂「自然な」知性に対するその警戒心や敵対心さえもが生じる。

ある種の知性排斥はすでに聖典のレベルにおいて認められる。聖典が知性を欠いているという意味ではなく、基本的に情念的な心性に向けられているので、知性と関わりのない効果の観点から知性を無視した議論を時として用いるという意味においてである。この態度は必然的に啓示よりも下のレベルにおいて強調される。そして控え目に言っても純然たる真理とは必ずしも一致しない道徳的な御都合主義に自由な支配権を与えるまでに至るのである。聖書においては知性は、あるいはそれに訴えるものは、第一には象徴において見出される。それは最も高貴な精神が必要とする全てのものを提供する。これはまず第一に聖書の神的な起源のためであり、そして第二には、宗教の全体的な要求のためである。別の言葉で言えば、神は、彼が約束するものよりも少ないものを与えることはあり得ない。そして神は彼が現実に与える以上のものを約束することもあり得ない。

純粋形而上学について言えば、――そしてわれわれはここで、普遍的な象徴である限りにおいての教義そのものの中にそれが必然的に見出されるという事実を長く強調しようとは思わないが、――それは平均的な人間に対するメッセージの具体的で有効な性格を持つことはあり得ない。たとえ彼が、そのいくつかの要素を頭で把握することができたとしても。純粋形而上学は、同時に識別的で観照的で作用的な性質をその知性に備えている人々に対してのみ向けられているのである。識別的というのは、直観的に絶対なるものと相対的なるものを識別できるということ、そしてこの識別を相対的な領域に延長することができるということである。観照的というのは、純粋な有と純粋な本質を意識することに「自然的に超自然的な」仕方で専念できるということである。作用的であるというのは、潜在性から現実性へと向かう傾向を持ち、そして抽象的なものから具体的なものへ、そして、知性から意志へ向かう傾向があるということである。これらの賜物は、特に顕教的なあるいは宗教的な環境において必然的に欠けているというわけではないというのは自明であるが、そのような環境においては、超形式的で内在的な知性認識を抑圧する程にまで至る、形式的で法律的な啓示の優越性のために、必然的に限定されているのである。

宗教は信仰することができる人を対象とする。それは直接的な仕方で意志と愛を対象とする。知性をではない。そして人間に信じ愛し行動することを要求する。霊的な探求者が宗教的な本を読んで、不条理なほどに行き過ぎた意見やイメージをその中に見つけて衝撃を受けることがないように、われわれはこのことを強調しておく。極めて逆説的なことに伝統的な環境においては敬虔な行き過ぎへのある種の権利が存在する。そしてこのことをあらかじめ知っておくほうが良いのである。そして彼らは伝統的なものは何であれ崇高なものであると信じる伝統主義者達には気に入るまいが(1)。そして彼らは時として宗派的な熱狂を本来的な「正統性」や霊的な「真正性」と混同するところから殆ど隔たっていないのである。

それはともかくとして、宗教的な環境におけるある種の「知性の欠如」を説明するためには、人々の大部分は言葉の厳密な意味における形而上学者ではないということを言うだけでは十分ではない。形而上学者あるいは「霊的人間」ではなくても、完全な客観性すなわち識別的で腐敗していない公平な知性を持っている人達がいるからである。言うべきことは、大多数の人々は単に形而上学者ではないというよりもさらに程度が低いということである。すなわち彼らはほとんど知性を持っていないということである。世界の歴史がそれを十分に証明しているように、そしてあらゆる形の世俗性において証明されているように。

われわれの意図は、信仰の世界は知性を欠いていると主張することではないということを読者は理解したであろう。それはそうではあり得ない。なぜなら信仰は根本的な人間的現象であり、そして何よりもそれは天的なもの[*1]と永遠的なるもの[*2]を希求するからである。しかし信仰は、――そしてわれわれはここで、対神徳や成聖の恩恵としての信仰ではなく、単なる信念としての信仰について語っているのであるが[(2)]、――それを自己中心的な仕方で、そして意志主義的な仕方で希求するのである。事物の本性の公平無私な認識の結果によってではなく。そのような知性的認識は大多数の人々の心に届くことはできない。「鉄の時代」に生きている大多数の人々の情念的な性質を考慮に入れるならば。

宗派的な観点は、特定的なものである形式を普遍的なものである本質の上に置き、自己を求める道徳的な関心をそれ自体としては非道徳的で利害関係を離れた公平無私な真理の上に置く傾向がある。それは、その明るさのゆえにランタンの特定の色が光そのものと取り違えられるようなものである。そして、宗派主義者の心性にとっては感情すなわち敬虔な偏見というものが知的な諸手段の兵器庫の中に入ってくると言っても過言ではないだろう。道徳主義的な疑惑が教義的な論拠の役割を実際上果たすほどに至るまで。論争相手に対して正しくあるいは間違って帰せられる誤謬が誤りであることは十分ではない(3)。それはその事実それ自体によって不道徳なものであり、その原因はその作者自身のうちに存在していなければならないのである。道徳主義的な偏見はここでは宗派的な偏見と結びついている。真理と誤謬は道徳的なものと不道徳的なものに実質的に同義になっている。それはある種の特定の場合においては正当化されるかもしれないが、あらゆる場合においてではない。

ある種の特定の場合においては正当化される、とわれわれは言った。なぜなら人は逆の誤りに陥ることに対しても警戒しなければならないからである。一部の人々が神学的な意見を心理的な原因とりわけ道徳的な悪に不当にも帰属させるという事実は、数多くの「肉に従った」*3哲学者達が状況によって支援されつつ彼らの出発点にそのような悪徳を実際に持っているという事実を変えることはないからである。余りにもしばしば誤謬はその作者そのものである。それ以上でも以下でもない。

ここで例を挙げるために少しばかり寄り道をしても良いだろう。それはその内容のためにわれわれをわれわれの主題から少し離れさせるであろうが、それにもかかわらずその心理的な文脈によってそれに関わっているのである。キリストの二つの本性の問題に関して五世紀に起こった激しい論争のことはよく知られている。公式の教会にとって、――教会分裂はまだ既成事実ではなかった。――二つの本性すなわち人性と神性は「肉となった御言葉」の位格において結合されている。ネストリオスにとってはそれらは明確に分離されている。それゆえマリアは「神の母」ではなく「イエスの母」である。エウテュケスにとっては逆にキリストは神性しか持っていない。人性は外見に過ぎないのである。われわれが注意を促したいのは、これらの教義よりも、それらがローマによって断罪された仕方である。教皇レオ一世[*4]によれば、ネストリオスとエウテュケスは不敬な者達以外ではありえなかった。彼の説教九十六番において、彼は「異端者達の邪悪さ」について語る。「人を欺く狼や山賊の襲撃」、彼ら自身が「サタンの嘘に従った」後で「他の人々を滅びへと導く」彼らの意図、等々について。それはすなわち、明白に敬虔と熱意からローマのものとは別の神学的意見を持つに至った人々は、それらを悪魔を通じてのみ持つことができ、そして彼のように邪悪で不信仰な者でしかあり得ない、ということである。彼らは神と教会の敵でしかあり得ないのである。しかし、これら全てのことはネストリオスやエウテュケスの意見と同様に敬虔で熱心なものである。もし知性という言葉を現実への適合と理解するならば、それは確実に知的なものではない。

なぜなら結局のところ、これら二つの問題になっている極端な意見は、相対的な仕方では是認され得るからである。第一のものは、超越的な神の栄光を称揚しようとするからであり、われわれはユダヤ教やイスラームの根本的な傾向と同様にこの意図のうちに何も悪魔的なものを見出さない。そして第二のものは、逆にキリストの神性を称揚しようとするからである。これらの意見はやや行きすぎたところはあるかもしれないが、不信仰なところや悪魔的なところは確実にない。また五世紀においては神学的な見解の相違というのは根本的に異常なものではなかったということを人は忘れるべきではない。ずっと後に聖トマスさえもが無原罪の御宿りを否定することができたのであり[*5]、そして聖母被昇天が教義として確立されたのは二十世紀になってからのことである[*6]。神の母という表現に対するネストリオスの抗議は、真剣にそして正直に擁護することが可能である。なぜならこの表現――われわれはそれを確かに相対的ではあるがそれ自身の枠組みの中において有効である観点に基づいた省略語法として受け入れる――は疑いもなく、彼が深く固執する聖なる権利を持っていた超越性の観点のある種の「中性化」をもたらすからである[(4)]。類比的な仕方で、単性論におけるキリストの人性の神性への還元は、キリスト教的な観点に含まれているいくつかの可能な帰結のうちの一つである。いずれにしても、それはネストリオスの主張と同様にキリストの一つの側面であり、ある種の状況下においては主張することができるし主張されなければならないものなのである。これらの命題の作者に関しては、われわれは彼らが聖人であったかどうか知らないが、彼らはそうであったかもしれないし、そうであった可能性が強いとさえ言えるであろう[(5)]。

ここで次のような反論がありうるだろう。峻厳な選択を迫られた神学者に対して、聖霊からは摂理的に正しい教義のみがもたらされるのに、悪魔でなければ一体どこからこれらの異なる命題はもたらされるのか。「魂から」とわれわれは答えよう。なぜなら悪魔的なインスピレーションと単に自然的で心的なものからもたらされるインスピレーションとを区別することが適切だからである。しかしこの答えは現実的区別を考慮に入れているという長所はあるが以下の二つの要因を考慮に入れ損ねている。第一に自然的なインスピレーションは、もしその内容が敵にゆだねられるならば敵によって利用される大きな危険があるということであり、第二にネストリオスやエウテュケスのような人々の場合においてはインスピレーションは単純に自然的あるいは悪魔的なものではなく「原型的」とわれわれが呼ぶものであるということである。それはすなわち、あらゆる摂理的な正統性を支配する聖霊的な意図から出たものではないが、ある霊的あるいは神的な現実の理解できる側面を顕示する限りにおいて聖霊そのものからもたらされたものだということである。

敬虔な近視眼は、ある種の場合にはほとんど重大な結果をもたらさない現象であり、また他の場合には重大な結果をもたらすことがある。確実なことは、われわれはこの欠陥にあらゆる宗教的な環境において出会うということである。なぜなら人間はどこにおいても人間だからであり、同じ環境下においては同じ原因は現象の様態や程度はどうあれ同じ結果を常に生ずるからである。結局のところ心的な愚かさがあるのみではなく、制度的な愚かさというものも存在する。それは明らかに「人間の戒め」[*7]の段階に属する。故意に聖書以外から取られた例を一つだけ挙げよう。それは、バラモンがシュードラや賤民の影から受けると考えられている「汚れ」である。多かれ少なかれファリサイ的な伝統の擁護者は疑いもなくわれわれに次のように言うであろう。それ自体としては妥当な伝統的原理すなわちバラモンのカーストの完全性を何千年もの間維持することができるようにするためには誇張することが必要なのだ、と。そしてこれは実際主張し得ることである。しかしながら理論と実践とは別である。理論が常に予見し得るとは限らない各種の要素をも人は考慮すべきであるからである。「予防的な戦争」は正当化されうる。目的は手段を正当化し得るからである。しかしながらまた手段は目的を傷つけることもあり得る。あらゆるものにはその限度があり、人は患者を殺すことによって病気を治す危険を持っているのである。イスラームがインドにおいて非常に大きな成功を収めたこと、いかなるアラブ人の介入もなしに単に説得と伝播によってそれが広まったということは驚くべきことではない。

不条理に関するこれらの考察は、連想によって、人間的な愚かさそのものについてわれわれに考えさせる。人間そのものの愚かさではなく、——あらゆる人が愚かなわけではないから——あらゆる環境における多数者の愚かさについてである。息子が生まれることを期待していたのに妻が娘を産んだ男の怒りや悲しみほど愚かしいものを人は想像できるだろうか。しかしこれは多くの人々の間で過去においても現在においてもありふれた出来事なのである。経済的あるいは政治的な考慮が関与しうるという事実は、この態度をより知的あるいはより高貴にすることはない。習慣的なものになってしまっている同様の愚かさの多くの例を挙げることができるだろう。もっと尊大な次元における哲学や「文化」一般については言うまでもない。それらは実際のところ格別の愚かさが最も好む領域なのであるが、このことは人間全体においてよりもむしろ近代世界において当てはまる。それはともかくとして宗教は、それ自体としての人間、あらゆる時代の人間を対象とするように義務付けられている。それはそうするほかに選択肢を持っていない。二つの神秘がこの運命において結びつけられている。慈悲の神秘と不条理の神秘が。

宗教は「現代の人間」に適合させるべきだと考える人々もいる。そのような見解は控え目に言っても均衡を欠いている。なぜなら宗教は、ある特定の人間に対して向けられたものではなく、人間全体に向けられたものだからである。(6) 疑いもなく、現代的な人間にはある種の追加的な説明を与えなければならない。なぜなら新しい誤りが、そして新しい経験が、新しい議論を必要とするからである。しかしながら、宗教を説明することと、説明をするという口実のもとに宗教を破壊することは全く別のことである。ここにおいて本質的な秘教が介入することができるし、また介入すべきである。しかしながら重力の法則に従って、そして最も抵抗の少ない線に従って、好まれているのは下方へと向かう新しい解決策である。それらすべての頂点を占めるべく採用されているのは、多かれ少なかれ外面的なある種の秘教的立場であり、それらは明白にそれらの根本的な文脈の不在のために無効なものにされている。(7)

われわれが「信仰の世界」と呼ぶものにおいて欠けている三つの観念は次の通りである。第一に普遍的な相対性の観念。第二に認識者の「観点」の観念。第三に認識されるものの「側面」の観念である。これらの観念を認めることは、完全な相対主義に陥ることでも本来的な意味の異端の実在を否定することでも全くない。それらは実際無条件に断罪されなければならない。事実は、ある種の限定の中では有効性をもつ相対的な異端というものが実在するということであり、そして宗教そのものが、厳密に言えば、全体的な真理との関係においてそのような性格を有するということである。そしてこれがまさに「方便」という仏教用語によって表現されているものである。それは「霊的な術策」（ドイツ語の Kunstgriff）あるいは「救済的な幻影」と翻訳することが可能であろう。疑いもなく、信仰の観点そのものは自分自身に矛盾することなしに「観点」や「側面」を認めることはできない。創造的な有の位格の「相対性」(8)を認めることができないように。この観点におけるあらゆるものは絶対的でなければならない。そうでなければそれは平均的な人間の感性に適合した衝撃力を失ってしまうのである。

　確かに、信仰の観点は必ずしも知性に対する根本的な無理解を含意しない。しかし、それにもかかわらずその観点はより限定された知性の概念を生み出すのである。トマス主義的な感覚主義*8のことを考えてみるだけで良い。そしてそのことは、感情主義のさまざまな濫用に対して不可避的に扉を開いてしまう。そしてまた同時に秘教的な次元の補完的な必要性を説明し補強する。この次元が欠ける場合は俗な哲学者達がそれにとって代わる。そしてそれは文明全体にとって大きな損失となる。なぜなら推論は、われわれが何度も語ってきたように、純粋な知性認識の不在のもとでは無効だからである。少なくともここで問題となっている地平においては。あらゆる合理主義者が同様に無視していることは、この地平においては、理性は本質的に、「天から」あるいは「心から」もたらされる情報を必要とするということである。その起源が外的あるいは内的である情報であり、第一のものはしばしば第二のものの機会因となる。そしてそのことは実際、覚知は啓示なしですますことはできないということを示唆する。(9) そして第二次的にはそして別の関連においては、啓示というものはそれが「文字」*9 である限り、覚知なしですますことはできないということを示唆する。

合理主義的な反発は、そのいくつかの細部においては正当化され得るが、不毛なものである。なぜならそれは全体的に言って、信じる無知を不信の知性と取り換えるからである。それは結局のところ遥かにより有害なのである。なぜならそれは本質的なもの全てを欠いているからである。道はどこへと至るのか知らないのに、その敷石について厳密に論理的な知識を持っていることは無益である。敷石を無視して目的地を知ることのほうが遥かに良い。このことは自分自身の無知を知らないがために無知で愚かである知性というものが存在するということを意味している。そして宗教的な単純性*10 に抗してわれわれが正当化するのは、決してこのように純粋に機械的な知性ではない。宗教的な単純性というものは少なくともどこにそれが向かっているかを知っている。そして人間的な観点からは、それが全てなのである。

しかしながらそれにもかかわらずわれわれの結論は、敬虔な単純性あるいは敬虔な愚かさというものは常に容認しうる、というものではない。それが可能性である限りにおいてそれは不可避的なものであるが、特定の顕現においてはそれは必然的なものではない。かくしてわれわれは、悪そのものをではないとしても、ある特定の悪を廃絶することはできる。幻影の戯れと摂理がある。教会と世界の歴史はそれを証明している。われわれは落ち度を責めることはできるが、「書かれた」[*11]ことに異議を唱えることはしないであろう。

知識と信仰あるいは、知性と熱意の間の相互関係については多くのことが言えるだろう。例えばセム人達は後者において、アーリア人達は前者において卓越した。にも拘らず、少なくとも西洋においては彼ら両者はお互いを必要とした。盲目の人と歩けない人の逸話のように。[(10)]結局の所、三つの一神教はギリシアの知性なしではやっていくことができなかった。そしてヨーロッパはセム的な信仰の贈り物を大いに必要としたのである。バクティ的なインドや献身的な仏教は活性化し救いをもたらすこの信仰を知らないわけでは全くない。心-知性の一つの次元として、愛と一致する信仰は、われわれの存在の深奥において覚知と結びつく。

信仰の世界と覚知の世界。これら二つのものは、「真理の輝き」である美において出会う。そして美は、聖母の外套のもとで、人間の様々な霊的希求が取り得るあらゆる対立を和解させるのである。

宗派的な思弁——意図と行き詰り

宗派的な見解と永遠の叡智の両者はその本質において同じ超越的な次元に関わるという事実は、われわれの全体的な主題の枠組みを離れることなくそれらを取り扱うことをわれわれに可能にする。そして、もし疑わしい意見をそれら自体の立脚点に基づいてさえ取り扱うことに何らかの利益があるとするならば、それは誤謬を訂正することは真理を顕示することであるという単純な理由によってである。さらにこれは聖トマスからアシュアリーの筆に至るまで数多くの東洋と西洋の教義説明の中に見出される対話的な方法であり、そのことはわれわれがこの点において何も新奇なことをやっているわけではないということを意味している。

ここで最初に考えてみたい問題は次の通りである。数多くのイスラームの神学者達、それも相当の人々は、神は悪を意志すると考える。なぜなら彼らが言うには、もし神がそれを意志しないならば悪は起こらないであろうから。もし神が悪を意志しないにもかかわらずそれが起こるならば、神は弱いかあるいは無力であるということになるだろう。しかるに神は全能である。これらの思想家達は一方では、「悪それ自体」と「特定の悪」の区別について、そして他方では、神的本質の主体と神的位格のそれの間の区別について、明らかに無知である。なぜなら、神的位格は世界に対しては全能であるが、彼自身の本質に対してはそうではないからである。前者は後者が要請することを妨げることはできない。すなわち宇宙生成的な放射とそれが引き起こす結果を。それは疎隔、差異、対照、そして最終的には、悪という現象である。われわれは繰り返すが、このことは、神は特定の悪に対する力を持っているが悪それ自体に対する力は持っていないということを意味する。もしアシュアリーとともに、その場合には神は「弱い」あるいは「無力である」という反論がなされるならば、われわれは、これは全く反論ではないと答えるであろう。そしてそれは次の二つの理由によってである。第一に形而上学的な限定は、それが帰結する不可能性とともに、これらの言葉の人間的な意味における「弱さ」や「無力さ」ではないからである。[1] そして第二に、ここでは位格としての神に対する関係における形而上学的不可能性がまさに問題となっているのである。そして、神的位格の全能性は普遍的な顕現に対してのみ関わるのであり、この顕現の神における根源にも、悪のようなこれらの根元の原理的帰結にも関わらないということは、どんなに強調してもしすぎることはできない。とりわけ耳障りで実際冒瀆的な誤謬によれば、神は罪を禁じるがゆえにわれわれが罪を犯すことを意志しないが、同時に神はある特定の人間達が罪をなすことを意志する。[2] そうでなければ彼らは罪を犯さないだろうから。これは神の主観と神の意志の両方に関わる誤謬である。実際、悪は普遍的可能性から「不可能なものの可能性」あるいは「無の可能性」として生じてくる。存在の欠如は極めて逆説的に一種の存在を纏うのであり、それは神的な可能性の無限定性の力による。しかし「神」は悪それ自体を「意志」することはあり得ない。

神は「誓約」[*1]あるいは「約束を破ることはない」[*2]と何度も宣言しているクルアーンに反して、幾人かの解釈者達は、神は人間に対していかなるものも負わず人間に対して絶対的に自由であり何の負債も負っていないと主張する。この不条理にまで推し進められた独立を神に帰属させようとする敬虔な関心において、彼らは、神の観念と同様に人間の観念をも破壊する。そして彼らは、神が何かを負うことができる存在者の存在を望んだがゆえに、神は人間を創造したということを忘れている。「神の形に似せて作られた」という表現によって示唆されているように。さらに言えば、もし神が何かを意志するならば、神はそれを自らの本性に従って意志するのであり、そしてこの本性は意志と一致するが意志の産物ではない。すなわち神の意志は神の本性から帰結するが、その逆ではないということである。「神的権利」の熱烈な信奉者はこのことを意識していないわけではあり得ないが、神の自由あるいは神の崇高性あるいは神の王権を擁護しなければならないと彼らが考える時にはいつでも、その帰結を引き出そうとしないのである。これらの熱烈な信奉者達が、無限定の道徳的独立を神に帰属させることにおいて全く赦し難いというわけではないということをわれわれははっきりさせておこう。しかし、この種の独立性は、神的本質に、超-有に帰属するのであり、それはまさに立法することはない。そして、創造し、立法し、報いる有すなわち位格的な神には帰属しないのである。次の事実から混乱は発生してくる。あらゆる代償を払ってでも一性に執着し、マーヤーの観念を欠いている神学は、神的領域におけるヒュポスタシス的諸段階の実効的な区別をしていない。神に対して殆ど人間的な主観性を帰属させる神人同形論については言うまでもない。

一神教的な環境における顕教主義者達のジレンマは全体的に以下の通りである。神は一であり、その場合には彼は不正であるがそれは馬鹿げているので、この外見上の不正を無力さの宣言によって、あるいは神秘への言及によって、あるいはまた敬虔な不条理によって、覆い隠すことが必要になる。あるいは、神は正当であり、その場合には、神の主観は、神の単純性にもかかわらず、そして一性の教義にもかかわらず複雑なものであり、この複雑性を同じ術策によって覆い隠すことが必要となる。現実には、内的な一性は外的な多性を排除することはない。さらに言えば、多性は世界が存在するがゆえに必要なものである。そして内的な正義は、外見上の不正あるいは少なくとも外見上の矛盾を排斥しない。まさしく神的領域の複雑性のゆえに、このことは不可避的なものなのである。この複雑性の理由は、存在をもたらす傾向と、存在は対立を含まざるを得ないという事実である。一方において神的領域の複雑性は、宇宙的領域における多性や対立を予めかたどっている。他方においてこれらの対立はそれらの仕方で、マーヤーによって条件づけられた神的領域の複雑性を反映している。後者は部分的に相対性の原理の中に包まれており、ただ本質のみが普遍的な機構の中で絶対的に関与しない状態に留まる。顕教はこの本質の栄光を神的幻力に帰属させることを避けることができない。すなわち、それが「神」と名付けるすべてのものに。そこからその困難と困惑が生じるのである。敬虔主義は一貫性を犠牲にしてでも単純化する崇高主義に訴える。

いずれにしても、教義的一貫性への配慮から人が神的主観の一性を維持することを求めるならば、――そのことは、神的本性そのものの観点からは明らかに正当なものであるが、――一つの神の意志の中に様々な様態の区別を認めることを余儀なくされる。すなわち、能動的で直接的な意志と言わば受動的で間接的な意志とである。これは、神が直接的なあるいは少なくとも予見できる善を念頭において「意志する」ことと、原理的必要性のゆえに神が「許容する」こととの区別である。その許容の目的はまさしく神の本性によって必然的に、「より大いなる善」である。もちろんこの「許容」の全体的な機構は極めてしばしば人間の想像力を超える。その場合には、ただ細部のみしか把握されることはない。しかしそれにもかかわらずそれは知性によって把握可能であり、そしてこれで十分なのである。知的な能力というものは、その特質によってのみならず、論理的説明の必要性の程度によっても測られる。もちろん、これらの程度がこの特質によって決定されるという条件のもとで。

「神のみが行為者である」、なぜなら神が人間の行動を「創造する」からである。大変よろしい。しかし、ある種のスーフィー達が主張するようにわれわれが行動すると信じることが誤りであるならば、われわれが存在すると信じることもまた誤りである。もし人間の行動が現実には神の行動であるならば、人間の「私」は現実には神の「私」であろう。もしアシュアリーが教えるように、人間が現実には神に属する行動を「獲得する」のであれば、彼はまた、現実には神に属する自我を

「獲得」するのである。そしてこの場合、誤謬や罪はどこにあるのか人は知りたく思うであろう。常識が教えるように、行動の不正の中に、あるいは幾人かのスーフィーや神学者達が主張するように、「行動しているのは私である」という考えの中に、あるいは唯一の神によって創造された行動の「獲得」の中に。もし幻想があるとするならば、それは行動しているのはわれわれだというわれわれの確信の中にあるのではなく、われわれの存在そのものにあるのである。[3] そしてその事に対してわれわれは道徳的な責めを明白に負っていない。もしわれわれが存在するのであるならば、行動するのもわれわれである。われわれは存在するがゆえにわれわれは自由である。形而上学的にわれわれが存在しない限りにおいてのみ、われわれの行動は神のものである。なぜなら、神のみがあるからである。

もし神が人間に彼らの行動の作者であるという確信を与えているとするならば、それは、ある種のスーフィー達が想像するように、神が彼らの罪の作者であると非難させないようにするためでは全くない。それは単に、一旦人間が存在するならば、その事実そのものによって、彼は彼の善行あるいは悪行の作者であるからにすぎない。それは彼の存在と同様の現実性あるいは非現実性を持つ。われわれが先に述べたように。形而上学的には神が隠れた行為者であるという具体的な意識は、われわれの行動の道徳的特質あるいは言わば存在論的な正しさの力によってのみ実現可能である。[4] われわれが関心を持たなければならないのは第一にはこの正しさであり、神のみが行動するという観念ではない。神はわれわれを創造することにおいてわれわれを欺いたのではない。そして、われわれが自由に行動しているというわれわれの確信において神はわれわれを欺いたのではさらにない。確かに神はわれわれの考えそして行動する能力の源泉である。彼がわれわれの存在の源泉であるのと全く同様に。しかしながら神は、われわれの道徳的な行動に対して責任を持つ作者ではありえないのである。(5) さもなければ、われわれは無であり、神が人間であることになろう。

隠された神的な活動は、活動そのものに関する限り、善行においても悪行においても同様であるというのは言うまでもない。この留保は次のことを意味する。善行は、神の活動におけるその予型を別としても、まず第一に至高善に適合するものである。それはその活動の本質である。そして第二には、善行は霊魂の中における神的な活動者の解放のために必要なのである。まさしくそれらは、至高善に、活動そのものの存在理由である神的完全性に適合するゆえに。

それゆえ、不可欠なニュアンスを付け加えることなく神がわれわれの行動の行為者であると言うことは不適切である。しかしながら、われわれが形而上学的認識そのものを念頭において――精神のうちにおけるその反映ではなく――「神のみが知る者である」と言うならばわれわれは真実に語るのである。なぜならこの認識は、特徴的に人間的な主観から生み出されてくるものではないからである。それは「聖霊」に属している。そしてそれはわれわれを神にすることなくわれわれを神的領域へと結びつけるものであり、この認識なしでは、あるいはその潜在能力なしでは、人間は人間ではないであろう。人間はその本性によって、超自然的なものへ運命づけられているのである。

「それゆえ、神は憐れもうと思われる者に憐れみをかけ、そして、彼が頑なにしようと思われる者を頑なにされるのである。では、あなたは私に言うのか、なぜ神はわれわれを責められるのかと。誰が神の意志に抵抗できようか。ああ人間よ。神に言い逆らうとは、あなたは一体何者なのか。作られたものが作ったものに対して、なぜあなたは私をこのように作ったのかと言うだろうか。陶工は、同じ粘土から一つを尊い器に、そしてもう一つを卑しい器に作る力がないのであろうか」(「ローマの信徒への手紙」9：18-21)[6]。この一節は、イスラームにおいても見出される考えを述べている。神はあらゆる権利を所有する。彼が聖なるものあるいは彼が至高善であるからではなく、彼は全能であるから。疑いもなく征服者そして王の議論であり[7]、それは、最初から異議に対して門を閉ざし、形而上学的な観点からは何も説明していない。そしてまさしく使徒はそのことを扱うことを望まなかったのである。事物の根源へと進めば、人間は論理的な原因説明を要求する権利を持っていると、明白に答えることができよう。その要求は神が彼に授けたものである。そして今問題となっている疑問は余儀なく生じる他はないものである故に。そして単なる疑問は必ずしも「異議」ではないという単純なことを忘れるべきではない。そのような説明へのわれわれの要求と常識の使徒による却下は、一神教的な神の神人同形論的なイメージを守るために、神的領域の複雑性を覆い隠す彼の意図を意味している。しかしより根本的には、それはまた次の馬鹿げた疑問の却下である。なぜ、ある可能性は可能なのか[8]。

それはともかくとしてもパウロの教義によれば、神の「栄光」の顕現のために悪は必要である。「怒りの器」すなわち懲罰へと定められた被造物達は、神の怒りと正義の特質の顕現のために存在している。このことは罰されるべき罪あるいは修正されるべき不均衡は、その神的特質の補完的な否定的側面あるいは摂理的な支持物である、ということを意味している。原理の無限性の中に必然的に内包されている否定的諸可能性としての、そのような機会因の同時発生なくしては、その神的な特質は放射することができないのである。しかしまた考慮すべき次のようなことがある。善い意志を持っている人は、神に次のように尋ねようとは思ってもみないだろう。「なぜあなたは私を敬虔で誠実な者にお作りになったのですか。」頑な罪人が、「なぜあなたは私を罪人に作ったのですか」と尋ねてみようとは思わないのと同様に。なぜなら、善意の人は文句を言う理由を持っていないからであり、そして罪人については、もし彼がこのことを尋ねる理由を見いだすならば、つまり、もし彼が罪人であることに苦しんでいるならば、彼は最早罪を犯さないであろうからである。なぜなら何も人間に罪を犯すよう義務づけることはないからである。「なぜあなたは私をこのようにお作りになったのですか」という疑問は、癒しがたい状況に対してのみ意味を持つ。さて、癒しがたいのは、罪人であることではない。癒しがたいのは、故意のそしてそれゆえ傲慢な罪を犯そうとする意志である。そして、人間は彼が意志することをなすということを誰も否定することはできない。確かにこのことは問題となっている質問を論理的になす権利を悪い人間から奪い去ることはない。しかしそれは彼にその質問を道徳的に尋ねることを確かに禁じるのである。なぜなら彼は、彼がそうであるものであることを望んでいるからである。

予定の問題は形而上学的には可能性の教義によって解決される。可能なあらゆるものは明らかに

「それ自身に対して同一」であり、それは、それがそうであるものを「意志する」。存在論的に、そして原初的に。[9] 悪を「意志する」のは位格的で創造し立法する神ではない。彼は単に、神的本質の全可能性の中にある差異化されたそして差異化する諸可能性を存在へと移行させるだけである。位格的な神は神的本質の最初のヒュポスタシスであるに過ぎない。人間に関して言えば、「滅び」とは言わば本質的に邪悪な個人の受動的側面であるということができる。その本質が罪深く、その能動的な側面がまさしく罪であるような人間の。悪を意志することで、彼のまさに本質においてそれを意志することによって、この個人は自分自身を「断罪」するのである。他方、「偶然によって」なされる罪、それゆえ個人的な本質に対して外在的な罪というものは単に「煉獄」へと導くだけである。[10] 大罪は行為のみに存するのではないということを注意しておこう。——一時的な事実は行為者に対して、無時間的な結果を引き起こすことはあり得ない。——大罪は何よりも性格に、それゆえ実質に存する。そのことは同一の行動が偶発的あるいは本質的な含意のいずれかを持ち得るということを意味している。それが、その人物の殻あるいは核のいずれから由来したものであるかによって。もし人間が神の助けによって彼の性格を改善するならば、神は最早その根源が霊魂から消滅した過去の罪を考慮することはない。最早犯すことのない罪というのは抹消された罪であり、また犯すことがあり得る違反に対しては、人間は代価を支払わなければならないのである。これら全てのことにおいて問題となっているのは、その形態によって罪のように見えるものではなく、その内在的な欠陥のゆえに罪であるものであるということは言うまでもない。ある行動の価値というものはその意図のうちに存するからである。

キリストによれば「聖書が成就される」ことは必要である。同様にクルアーンは最も小さな事実さえもがあらかじめ書き記されている「本」について、そしてまた未来あるいはむしろ可能な全てのこと、そして実現されるであろう全てのことが書かれている「護持された書板」[*3]について語っている。この神聖な本は、様々な段階における全可能性にほかならない。第一にそれは、本質あるいは超-有に属する無限そのものである。その要求を有つまり位格的な神は受け入れざるを得ないのである。第二にそれは有に属するものとしての無限性である。その場合にはそれは、純粋に原理的で潜在的なレベルではなく、原型的で能力的なレベルにおける全可能性である。第三にそれは、存在の無限定性すなわち、顕現し顕現される全可能性である。或いは言い換えれば、諸々の可能性そしてそれらを実現する世界を投影するロゴスである。

神は本質の要求を受け入れざるを得ないとわれわれは言った。にもかかわらず位格的な神は肯定的でそして明示的な仕方で悪を意志することはあり得ない。しかし彼は「聖書が成就される」ことを意志するし彼の本性そのものによって「意志しなければならない」。そしてなお彼は諸様態を決定することができる。というのは、「本」の中に書かれている或る種の可能性の相対性という、もう一つの神秘があるからである。すなわち、絶対的な意味においてそうでなければならない物事と、そうでないかもしれない物事の差である。少なくともそれらの様態に関して、それゆえその結果として形態やレベルを変えるかもしれない物事との。さもなければ神に願い事をすることは無益であろう。そしてラマダーンの夜の間、「護持された書板」に記された悪いことを良いことに変えてくださるようにと神に頼むイスラームの習慣は意味を持たないであろう。神は至高に自由である。そのことは運命の固定性の中にさえも幾らかの自由の余地が存在するということを含意する。

それゆえ、あらゆることを神の力によって説明することを望む全能性の熱心な信奉者達が理解しているように思われることとは反対に、神の全能性は至高の全可能性とは一致しない。全能性は、――有の段階に属しており、そのことによって、幻影の中に含まれているがゆえに、すでに相対的なものである――この至高の可能性の諸顕現に対するあらゆる力を有している。しかし全可能性は、それが絶対に属するという事実そのものによって、その力の存在論的な管轄を超えているのである。神は、特定の悪に対するあらゆる力を持っているが、悪そのものに対しては持っていない[11]。神はある世界を創造しないことはできるが、世界それ自体を創造しないということはできない。神は絶対を絶対でないようにすることはできず、無限を無限でないようにすることはできず、世界を世界でないようにすることはできず、神を神でないようにすることはできない。もし神が「憐れみをかけようと思うものに憐れみをかけ、恵みを与えようと思うものに恵みを与える」(「出エジプト記」33：19)のであるならば、諸々の事物、被造物は、それらの可能性に従ってそれらがそうであるところのものであるからである。ある被造物に対する神の態度は、究極的にはその被造物の一つの側面なのである。

全面的な真理の観点からは、人間の人格と位格的な神の間には相互依存関係がある。それは両者が幻影の中に含まれているという事実によって説明される。幻影に属する神に、純粋なアートマンすなわち純粋な絶対の特性を帰属させることにおいて、顕教主義者は論理的に間違っている。しかし、そうしないでいられようか。その結果は、不可避的に矛盾をはらむがゆえに神人同形論的であると同時に理解不能な神のイメージであり、そのイメージは、感覚的な知識以外の能力を持たないと考えられ根本的に道徳主義的な議論によって敬虔な無知の限界の中に閉じ込められた人間のイメージと対をなしている。

さらに言えば、折り目正しくそして直観的な人間の論理的原因説明への正当な要求は、世俗的で懐疑的な人間の飽くことを知らぬ好奇心とは別のものである。神の偉大さと人間の卑小さに言及することによって回答することを拒むのは後者に対してである。そのような外向化された外向化する精神は決して満足させられることがなく、そして満足させられることに関心を持ってさえいないということからしてもなおさらそうである。それはともかくとしても、聖書とクルアーンは、古代の近東の人々が、彼らの全体的人間としての性質を別にすると、疑いの余地なく現世的で不安定で反抗的なものを持っていたということを示している。もちろん彼らだけがこれらの弱点を持っていたわけではないが、そのことは、聖典の側における全能主義的な議論の一つの正当化になっている。

熱心な服従主義の信奉者の論理によれば、神が「主」（ラッブ）であるのと同様の無条件的な仕方で人間は「奴隷」（アブド）である。このようなものの見方によれば、人間は、啓示を学ぶことを通して、神が善いあるいは悪いと宣言することを覚えるためにのみ知性を持っているということになる。それ自体において善いことや悪いこと、そして神が神の本性に従って、そのようなものであると宣言することを理解するためではなく。敬虔の過剰によって、――必然的に相対的で条件づけられたものすなわち服従に対して絶対的な性質を付与する敬虔によって、――人は、神は正義であり憐れみ深いと言いながら、同時に何が正義であり憐れみであるかを決めるのは神であると宣言することが、馬鹿げているとは感じさえしないのである。

この言わば「隷属主義的」な人間論の帰結は、地獄の誇張ではないが、それに落ちることの危険性の誇張である。その危険性は最も敬虔な人に対してさえ帰属させられ、そして、同様に強力な希望、赦し、そして神の寛大さの強調にもかかわらずそうなのである。疑いもなく、終末論的な教義全体の中では、憐れみの観点が均衡を回復させる。しかしそれはそのことによって、反対のものの見方の行き過ぎを破壊することはない。あるいはこれら二つの命題の間の両立不可能性を。なぜならガザーリーが言うように、神は彼らを赦すことができるようになるために罪人を創造したというのが真実であるならば、そしてカリフ・アリーが主張するように、憐れみについて絶望することは他のすべての罪を合わせたよりもより大きな罪であるとするならば、アブー・バクルやウマルのような聖人的人間が、――情報が正しいと仮定するならば、――彼らの人間としての誕生を厳しい審判の故に後悔するということは真実ではあり得ないからである。同じ一つの教義が、千年の間地獄で過ごすことを幸福であると感じる聖人の例を引用し、そして同時に、彼の罪の量が天にまで達しているとしても改心した信者を神は赦すとわれわれに確証することはできない。そして同一の道徳が、首尾一貫した論理によって、終末論的な脅しでわれわれを打ち倒し客観的に絶望を引き起こす一方で、ある「合法的な」人生の快楽を、それも相当のものを楽しむことをわれわれに勧めることはできない。

事実上人間としての特権を剥奪する程度にまで、人間に対して全面的に「従属的な」性格を帰属させることについては、われわれはまず次のように言おう。人間は運命を受け入れなければならないとき、あるいは、アプリオリには理解不能なしかし常に他の理解可能で根本的な教義によって保証されている教義を受け入れなければならないとき、あるいは、法ないし規則に従わなければならないときには従わなければならない。しかし彼は、一つのものを他のものから区別する時、あるいは二たす二は四であると確認するときに従うわけではない。いずれにしてもこの事項に関する決定的な議論は以下の通りである。人間は超‐有の概念を持てるという事実そのものが、彼があらゆる点において「下僕」（アブド）なのではあり得ないということを、そして、彼の中には、――原理的にのみであるかあるいは事実上においても、――彼の霊的な活動を純然たる服従へと還元しないことを許すような何かがあるということを証明している。これが、クルアーンによって人間に与えられた「代理者」（ハリーファ）[*4]という称号が表現しているものである。そしてやはりクルアーンによれば、神が人間の中に「神の霊を」[*5]吹き込まれたという事実によって表現されていることである。それはすなわち神は人間に神の霊に対する真の分有を与えたということである。それは、神の似姿としての人間の一般的な現象と同様に、ただ従属それゆえ隷従のみができる本性を排斥するような何かである。(12) 別の言葉で言えば、人間の精神は本質的に客観性を授けられている。相対主義者がそのことを気に入ろうが気に入るまいが関わりなく、人間は彼の主観性の外に歩み出ることができる。そしてこのことは、超-有の概念を持つ彼の能力に関わっている。それゆえ、創造し啓示し立法する有の領域を超越する能力に。至高の自己の自己決定である神的な「私」を知的にそして観照的に超越する能力に。

この言明は、この問題の次の側面に言及することをわれわれに許す。内在する自己は、有と超-有の両者を含む。さて、具体的で十分な超-有の意識の力によって有の領域を超越することは、——その意識は極度に稀でそして事実上幾らか合一的なものである——立法する有の作ったものである法を超越することである。それを事実上軽蔑することによってではなく、その形式的な限界を理解することによって。(13) その自明性にもかかわらず、ここで以下のことを強調しておくことが適切であろう。内在する自己は「私」に対する関係において超越している。さもなければ自我が神的なものであることになろう。一方、客観的に理解された超越的原理は、存在するすべての者に内在している。そうでなければ存在というものはないであろう。そして自己が、その超越性のゆえに内在的であり潜在的に到達可能であることをやめないならば、客観的な原理も被造物の中のその存在論的な内在のゆえに超越的であることをやめることはないのである。

絶対的な決定論の唱道者達が理解していないことは、二次的な原因を唯一の原因のために破壊することによって、——あるいは前者を損なうほどに後者のみを認めることによって、——彼らは神の自由の概念を侵害しているということである。なぜなら、いかなる自由もない世界、それゆえそれ自身の因果性を持たない世界というのは、自由な神から由来するものではあり得ないからである。諸存在者の原因的な力は、一つの力を証言しており、それを破壊するのではない。人間の自由は神の自由を証言する。神が最も自由である故に人間は彼の行為に対して責任を持つという意味において。宇宙は時計仕掛けではなく生ける神秘である。それと逆のことを主張することは、究極的には超越性の効果である内在性を否定することに等しい。そして「主人と奴隷」の絶対的な二元性を熱烈に主張しながら、一方において、主人のみがあると宣言することは、控え目に言っても矛盾している。

しかしさらに言うべきことがある。このように表現することが許されるならば、服従を要求する神は彼自身何かに従わなければならない。従う神は、ヴェーダーンタ学派の言う「至高でない」（アパラ）ものである。彼は既に幻影の中に含まれている。従うべきものを持たない神は、服従を要求しない。そしてこれは「至高の」（パラ）神性、「無限定の」（ニルグナ）本質である。神は彼自身の本質に対してのみ従うことができる。神が彼の外に位置していると想定される何かに従うというのは問題にならない。

あるいは次のように言う事もできよう。本質的な神は、善悪の彼岸にあり、対話者ではない。位格的な神は対話者であり、善を愛し、われわれがそれを愛することを要求する。「至高善」であり善を愛し善を命令する神は「善悪の彼岸」にはあり得ない。この無関心を有する神が何らかのことを命令したり禁止したりすることがありえないように。[14]
「至高善であり、悪を禁止する神は、悪を意志し、創造し、なすことは不可能である」と言う代わりに、全能主義者は、次のように言う事を好む。「全能である神が意志せず創造しなかったものは、存在することは不可能である。たとえ悪いものであっても。」一方において超位格的な神的本質が「人格化」され、他方において、位格的な神が「非人間化」されているのである。

人間的な観点から見て大いなる謎は、悪そのものがどうして可能なのかという問題ではなく、ある特定の悪の可能性の意味とは何かということである。悪は抽象的には理解されうるが、具体的にではない。その論理が明晰ないくつかの範疇を除いては。[15] 一方で善はそのあらゆる形態において具体的に理解される。すなわち、その可能性と必要性はいかなる困難もなく把握される。これは、悪の内には不条理の神秘のすべてがあり、そして不条理なものは理解不可能なものと一致する、ということである。そこでわれわれは全可能性の観念に依拠するしかないが、しかしわれわれは現象学的に言って再び抽象的なものの中に置かれる。知性認識と観照の点においてではないが。全可能性とその内容とは別のものである。

もう一度われわれの言いたい事をはっきりさせよう。たとえ以下のことが全体としてはわれわれがすでに語ったことから帰結するとしても。悪は、それが個別的なものである程度に応じて理解しがたいものになる。醜さの可能性は把握可能であるけれども、ある特定の醜さの「理由」は、肉体的なものであれ道徳的なものであれ、自明ではない。それにもかかわらずある意味において特定の欠点を説明するものは、すなわち、ある特定の具体的なそして単に原理的ではない欠点の可能性そして事実上の必要性を説明するものは、可能なものの無際限性であり、それは、不可能性を反証する役割を果たす異常な諸可能性を実現させなければならない。存在論的な不条理のために事物それ自体において可能性が実現できないことは、少なくとも外見において実現する。この次元においては「不可能」なものは何もない。不可能性のもっともつまらない「代用品」にさえ至るまで。

悪一般の謎に対する鍵は、以下の宇宙生成論的な運命性である。形態があるところには、差異ばかりではなく実効的な対立の可能性も存在する。形態的凝固のレベルそのものに従って。アダムの堕落はすべての地上的な被造物の堕落を引き起こしたと言われてきた[*6]。結果的にそれは潜在的な対立を現実化させ、世界に闘争と憎しみを、それゆえ愛徳の欠如としての悪を導き入れた。それは正当な復讐がその限度を超える場合のように、時として正しさの行き過ぎと結びついている。

服従主義的な神学の典型例は、神が善を命じ悪を禁ずることを実質的に否定するアシュアリー理論である。それは逆に――われわれはそのことにすでに言及したが、――善とは神が命じるものであり、悪とは神が禁ずるものであると主張する。さて、もしそうであるならば、神は、いかなるものも命じたり禁じたりする理由も持たないことになる。なぜなら人は、許可するために許可したりしないのと全く同様に、命令するために命令したり禁止するために禁止したりはしないからである。アシュアリーの考えは、神が善と悪を「創造する」というものである。それは控え目に言っても不十分な考えである。なぜなら善の原因は、そして、善と悪の間の区別は、相対性あるいは幻影によってすでに色づけられた神的主体すなわち創造し立法する有の恣意的な作用のうちにあるのではなく、神の本性あるいは神の本質そのもののうちにあるからである。神は「御自身に対して慈悲を規定された[*7]」あるいは、神は「信じる者を助けることを自らに課した[*8]」と、クルアーンが言明するのはこの意味においてである。誰もこれらの創造の内容を理解することができない状態で、あるいは誰もこれらの神的な決定の事実以外は何も理解することができない状態で、神が慈悲をその対立物あるいはその不在とともに「創造した」とはクルアーンは語っていない。これらすべてのことは、神学的な術策に帰することができると、論じることができるであろう。そして事実、神学者の精神においては、それは「神」――あれこれのことを「意志する」神的主体――があらゆることを決定し、そして何ものによっても決定されないことの強調の問題である。しかしながら、神は、至高善である彼の本性――それをわれわれは、被造物におけるその反映を通して把握することができる――に一致することを命令しあるいは祝福する、と言えば十分だっただろう。二たす二が四であるのは神がそれを「意志する」からではなく神の本質からそれが帰結するからである(16)。そして、それが神が人間に関する関係においてそれを「意志する」理由である。神が人間に知性を与えることによって、人間に対してそれを自明なものにするという意味において。神は至高善であるゆえにわれわれに神の本性に参与することを望むのであり、他のいかなる理由のゆえでもない。

このことに関連して次のことを指摘することができよう。神は、ある原因がある結果を生み出すという真理に彼の本性によって「拘束されて」いるけれども、一方ではその働きの仕方の選択において、他方ではその諸条件について自由である。選択は神の無限性から生じる。その選択の適用の中での一貫性は神の絶対性から生じる。また次のことをもう一度強調しておこう。自由は選択の中に存する。選択の結果の中にではない。それゆえ自由の正しい利用は、われわれの選択肢がもたらすであろうことの知識を前提とする。このことは神についてさえも当てはまる。神の全能性すなわちまさしく彼の自由が奇跡的な例外——それはそれにもかかわらず「規則を証明する」——を引き起こす能力を含意するという事実にも関わりなく。逆に人間はいかなる状況下においても、水晶を選んでそれが硬くもなく透明でもないということを選ぶことはできない。それはともかくとして、以上のことは結果や様態が神の意志から生じるということを否定することではなく、それらが原因や実体とは別の仕方でそれから生じるということを強調するということである。それが可能性であるという事実そのものによって雨粒の一つ一つはある仕方で神の意志に結びつけられている。しかし、雨粒は水そのものと同じ意味において神の意志に結びつけられているのではない。なぜなら、水がそのすべての可能な状態を決定するのは、まさにその本性によってであり、そしてこの本性は明白に神によって意志されたものだからである。

誤って理解された「神の権利」の熱心な信奉者達が理解していないように思われることは、人間を創造することにおいて神は自分自身を拘束するということである。それゆえ神は、彼自身におけるように絶対的な意味で自由なのでは最早ない。神は彼自身の本性において無条件に自由であるから人間に対しても無条件に自由であるというのは誤りである。ある意図に従って、そしてそれゆえある論理に従って、人間を創造した後は、神は自分自身で関わりを持たないということも誤りである。ある偉大な神学者は、人間はあらゆるものを神に負っているが、神は何も人間に対して負うものはない、と書いている。それは、神と被造物の間にはいかなる論理的な関係もないと言うに等しい。それは例えば水を創造することにおいて、いつでも水であることをやめることができる何かを神は創造したと言うことである。あるいは、神は正義であるから正しく働くのではなく、神によって達成されるから、ある働きは正義なのであると言うことである。

超越性の誇張は、自由あるいは全能性の誇張と同じ袋小路へと行き着く。なぜなら、もし単に排他的でそれゆえ絶対的に分離的な超越性しかないのであれば、神は超越的であるということを知る方法はなく、あるいは単に神があるということすら知る方法はないだろうから。そして同様に、もし神があらゆる可能な点において自由であり全能であるならば、――そして神は、彼の創造の様態についてのみそうなのだが、――神は彼を特徴づける特質を持たない自由を持つことになり、そして神でない自由も持つことになろう。それは馬鹿げたことである。しかしアシュアリーのようなタイプの思想家にとっては、人間は選択肢を持っていない。絶対的に超越的なものを彼は知ることができないので、信じそして服従することに自らを限定させるしかない。さて、なぜそうなのかわれわれは本当に知りたいと思う。極めて幸福なことに、人間に本来備わっている宗教的感覚は、ある種の神学の敬虔な行き過ぎには依存していない。たとえそれがまさしく単純な敬虔によって心的な空想の中においてそれらを受け入れるとしても。

もし神の前に存在する世界があるとすれば、そしてさらにこの世界が差異化され、それゆえ多様であるならば、神自身のうちに投影と差異化への、そしてそれによって相対性の原理がなければならない。それは神的領域のうちにヒュポスタシス的な諸段階を置く。あるいはより単純に言えば、現実の諸段階を。要するに、世界と諸事物を可能にする「形而上学的な先行者」が神のうちになければならない。そして、存在論的な単一主義への関心からこの普遍的な幻影が否定される場合、無慈悲に超越的で逆説的に神人同形論的な神的主体という不条理に人は行きつくことになる。つまり、単一主義によってあらゆることを引き受ける義務を持った神、自然法則の不在のもとで火が燃えるたびごとに火を創造しなければならない神、人間の罪を「創造し」そして同時に彼がそうしないことを決めた場合を除いてはそれらを罰する神という不条理に。これら全てのことをわれわれは受け入れるように想定されているのである。「神がそのようにわれわれに教えられた」というだけの理由によって。それは熱心な信奉者にとっては、形而上学的な説明に取って代わっている。神がわれわれの知性を創造し、そしてそれとともに論理的原因説明へのわれわれの正当な要求を創造されたという事実にもかかわらず。人間の創造の理由は、まさしく神の本性とその神秘に参与することができる知性の驚異であり、そしてさらに、現実にそれらに参与する程度に応じて、それは率先して

「神を恐れることは知恵の始めである」[*9]ということを知るのである。

実際、理性的な論理のみならず、道徳的な論理というものがある。そして後者はその表現において前者を侵害することがありうる。例えば、永遠の地獄という観念は、形而上学的に不条理なものである。それが二千年以上にわたって有効なものであり続けてきたとすれば、それはそれが道徳的論理に従って常に見られてきたからである。この永遠性は、軽蔑された神の威厳の影となっている。滅びの問題であれ救済の問題であれ、不条理は、誕生の瞬間に始まりそしてその地上での状況等々を想起しつつ永遠のうちに過ごす不死の霊魂という考えのうちに存在する。不条理は道徳的に理解できる有効な象徴のうちに存在するのではない。その象徴は、人間的状態にはほとんど絶対的なものがあるという事実に基づいており、他方では、この人間的状態の観点からは、死後の運命には決定的なものがあるという事実に基づいているからである。

次のように表現することもできよう。言わば「いかなる代償を払ってでも」そしてそれゆえ論理を損なうことがあり得る程にまで宗教が得ようとするものは、「神の御旨」と呼ばれるものにあらゆる状況において人間が服従することである。それが、われわれに理解不可能であるかもしれないものである限りにおける神の神秘であれ、われわれにとって困難なある種の運命であれ、あるいは世界一般の理解しがたい側面であれ。そしてこのことが、宗教的な言語あるいは神学的な定式にある種の過剰への権利を、さらには不条理への権利さえも与える。人間は人間である故に。[(17)]「目的が手段を正当化する」地平がもし存在するとすれば、それはあらゆる段階における霊的生活のそれである。「見ないで信じる者は幸いである。[*10]」

ここで「信仰の人」と「覚知の人」の違いを再び思い出しておこう。それは、時として不必要に思考の法則を侵害する程にまで、あらゆることにおいて道徳的そして神秘的効果を考慮する信心家と、何よりも原理的確実性に基づいて生き、この確実性が彼の振る舞いを決定し、彼の錬金術的な変容に強力に寄与するように作られている覚知者との違いである。われわれの召命的な傾向がどちらであろうと関わりなく、われわれはこれら二つの態度の間にある種の均衡を実現しなければならない。なぜなら、認識のない完全な敬虔というものはないし、そして敬虔のない完全な認識というものもないからである。

疑いもなく、跛行しながら自分自身を救う人々が存在する。そしてそのことのゆえに彼らを責める理由は確かに存在しないし、あるいは彼らがそのようにすることを妨げる理由も存在しない。しかしこのことは、彼らのみが救済され、そして他のあらゆる人は救済されるために跛行しなければならないということを意味するのではない。この言明は、われわれの地上的な条件の不確実性の故に、ある点においてはわれわれは皆揺らいでいるという事実とは独立して有効である。

われわれは一度ならず「方便」、「救済的術策」という仏教徒の観念に頼ってきた。さて、方便は、それが「目的によって聖なるものとされた」手段であるという事実そのものによって、都合のために真理を犠牲にするある種の権利を持っている。すなわち、それ自身の根本的な真理にとって、そしてそれに対応する霊的術策にとって、ある真理が外的なものである程度に応じてこの権利を持つ。

方便は効果的なものであるためには排除しなければならない。「神それ自体」の道は、「人となった神」の道を排除しなければならない。逆もまた然りである。しかし、それぞれの道は他方の反映を保持する。そしてその機能は二次的なものにとどまる。イスラームは無効になることあるいはそれ自身でなくなることを避けるためには、キリスト教の教義を排斥しなければならない。キリスト教の側は、イスラームの特徴的な主張を排斥しなければならない。それが最初ユダヤ教の主張を排斥したように。この関係においてそれはイスラームのそれと一致する。聖パウロの書簡は、教義と方法の観点からキリスト教を支える意図で、どのように使徒がモーゼの宗教を単純化したかを示している。これと類比的な仕方で、ムスリムの心象におけるキリスト教徒に衝撃を与える全てのことは、ムハンマド的方便の有効性のために下準備をなすよう定められた象徴として解釈されなければならない。宗教を理解するためには、外面的な論争に留まることは無益である。その根本的な意図は、神を証言し神へと連れ戻すその内的な言明に存する。心象は無であり、隠れた構造が全てなのである。

イスラーム秘教の謎と教え

イスラームの秘教は、一つの謎を提示する。なぜなら一見したところ、その起源は何か、そしてその特徴的な性質とは何かということさえ理由をもって問うことができるからである。実際、一方においてスーフィズムが秘教であるということを認め、そして他方においてそれがイスラームのまさしく始まりにおいて登場したということを認めるならば、次のような現象を前にして人は当惑する。イスラームは、禁欲主義を全く顧慮しない法律的な宗教である。他方で逆にスーフィズムは、明らかに禁欲的である。かくして次のような疑問が生じる。同じ起源から生じているにもかかわらず外見上非常にかけ離れた二つの伝統の論理的・組織的・歴史的関連はどのようなものか。西洋のほとんどのイスラーム研究者が、スーフィズムはキリスト教やヒンドゥー教起源のものであると考えてきた(1)のは驚くべきことではない。その意見は完全に間違ったものであるが、酌量すべき事情がある。すなわち、禁欲主義の理論的あるいは実践上の極端性は、ムスリムの法律主義の節度ある均衡主義のメッセージとほとんど両立不可能であるということである。

禁欲主義はまさにその本性によって決して秘教とは一致しないが、イスラームの場合には深遠な意図を考慮に入れると以下のことを言っておかなければならない。宗教的法律主義と禁欲主義の間の両立不可能性は結局、一般的宗教とイニシエーション的次元を常に至る所で対立させてきた両立不可能性に他ならないのである。この両立不可能性は、レベルや目的の違いのために、伝統的象徴や心理的そして道徳的傾向の同一性に基づいた補完的な両立可能性と手を携えて進んでいるが、それにもかかわらず、この両立不可能性は不可避的なものである。なぜなら、形態と本質の間には、類比と連続性ばかりではなく、対立と不連続性もあるからである。(2) ムスリムの宗教の観点からは、禁欲主義は、それを賢明に導き限界を定める法的な形式の中にあるのでなければ無意味である。とりわけ食物や性に関する様々な禁止の手段(3)あるいは、毎年のラマダーンの断食を通して。逆にスーフィズムの観点からは、外的な実践というものは二次的なものであるか――これは、覚知の内面化的観点であり、めったに姿を現すことはない――あるいはそれらは禁欲の要素であり、通常のスーフィズムにおいてそうであるように増加し強化されるほどあるいは誇張さえされるほど良いものである。禁欲主義と並行して禁欲主義がもたらすと想定されている美徳の深化が存在する。しかし現実にはその深化は必ずしも禁欲に依存してはいない。この深化はそのレベルに応じて道徳的特質を洗練しあるいは内在する照明へと心を開くことができる。

歴史的証拠のみならず単に事物の本性――現在考慮している主題に関して以上に概略を描いた――がわれわれに次のことを認めることを余儀なくさせる。すなわち預言者は、連帯しているとともに相違した二つの相対的に異なる伝統的な流れを設立したということである。一方は法律的で一般的で義務的なものであり、そして他方は禁欲的で特殊でそして召命的なものである。われわれはすでにその答えに触れたが、かくして生じた疑問は、後に「スーフィズム」(タサウウフ)と呼ばれることになったものの最も古代の証言は禁欲主義以外の何物をも示していないとすれば、そして実際のところイスラームの秘教はこの禁欲主義において自らを認識しているとすれば、禁欲主義と秘教の現実との間の関係はどのようなものか、ということである。あらゆる秘教は浄化的方法を含んでいるという事実を考慮に入れるならば答えは単純である。もし完全にして絶対的な主体である主の特質が浸透するために、「召使」の性質、偶然的で不完全な主体の特質が「滅却され」なければならない、あるいは「消滅」(ファナー)しなければならないとすれば、人間個人は明白にこのイニシエーション的で錬金術的な過程を現実に引き起こすことはないとしてもそれと親和的な規律に服さなければならないのである。しかしこのようなものの見方は、意志主義的で感情主義的な個人主義によって強化された功徳の観点を排斥する。そのような功徳の観点はわれわれが「平均的なスーフィズム」と呼ぶものにおいて極めて頻繁に登場する。そして実際それは浄化的な錬金術を悔悟的神秘主義へと引き下げているのである。

秘教はレベルと気質に従って様々な程度で結びついている三つの異なる次元を含んでいる。まず第一に禁欲的次元がある。まさにスーフィズムはそれを我が物と主張し、それにおいて自らを認識しているように思われる。第二に祈りの次元があり、それはズィクル、「(神を)思い起こす事」という言葉によってスーフィズムが意味するもの全てを含んでいる。そして第三に知性認識の次元があり、それは形而上学的な真理を含み、識別と瞑想と観照を要求する。さて最初の次元の過度の強調は第三の次元の弱体化を引き起こす。そしてまた逆も然りである。しかし対称的にではない。なぜなら知性認識の次元が強調される時、禁欲的な次元はそれによってその特質を奪われるのではなく、知性認識の具体的な結果によって単にある程度まで余分なものとされるのである。同様に「恐れ」（マカーファ）の観点は、「認識」（マアリファ）の観点の効果によって、より透明で平静なものに必然的に変化する。(4)

聖なる定式や神の名の利用のゆえに「秘跡的」とわれわれが特徴づけることができる中間的な次元は、言わば中立的である。それにおいて他の二つの次元は——第一のものは周辺的であり、第三のものは中心的であるが——出会い、そして結びつけられる。第三の次元は教義によって外的な宗教を超越する。「絶対的な一性」（ワフダニヤ）あるいは「本質」（ザート）の観念、あるいはお望みであれば、パラマートマンの意味における「超-有」の観念、幻影の意味における「ヴェール」（ヒジャーブ）の観念そして最後に、モークシャ（解脱）の意味における「合一」（イッティハード）の観念に基づいた教義によって。そして他方ではこの認識の次元は、それが念頭に置いている目的によって、一般的な宗教を超越する。まさしくそのイッティハードという用語によって表現されているように、それは初歩的な救済の追求を超越する。このことから楽園の軽蔑のような、ある種の逆説的な表現が生じる。しかしながらそれは文字通りに受け取られるべきではない。なぜなら、化身の神性が人性を排斥することがないのと同様に、至高の合一も、いかなる点においても天女達の楽園を排斥するわけではないからである。

禁欲主義と道徳はそれ自体では秘教を構成しないと言われているのは正しいだろう。そして、数多くのスーフィーによってなされている「禁欲は秘教と等しい」という同一視を拒否することにおいても、人はアプリオリには間違ってはいないだろう。しかしながらイスラームにおいては、禁欲主義は技術的にもそして伝統的にも秘教のみに属してきたのであり、その結果としてこの同一視は考慮に入れざるを得ない事実上の正当化を有しているという事実を人は受け入れなければならない。

一見したところ問題をはらむ、しかし現実には省略語法的な「秘教は禁欲と等しい」という同一視は、実質的には次のことを意味する。秘教は、霊魂における神的自己の放射を妨げあるいは「覆い隠す」個人的な障害物の除去であるということである。この同一視の具体的な定式は例えば次のようなものである。「スーフィズム（タサウウフ）は断食である。」「スーフィズムは沈黙である」「スーフィズムは孤独である。」「スーフィズムは貧しさである。」そしてその他のこの種の表現である。これらの否定的な概念のそれぞれは、ひとつの現実の「覆いを取る」ことを目標にした障害物の除去という暗黙の意味を持っている。(5)

結局のところ副次的で条件的なものであるに過ぎない禁欲的次元の、ある種の秘教によるこの強調は、この秘教が限定された数のエリートのみではなく寧ろ多数の集団に向けられているということがなかったならば説明され得なかったであろう。なぜならエリートのみに向けられる場合には秘教はその本質すなわち完全な形而上学的教義によって定義され、そしてそのような教義は「霊的な人間」[*1]にとってのみ精神的効果を持ち、「魂的な人間」[*2]にとってはそうではないからである。すなわち、少数者に対してのみであって多数者に対してではない。初めから万人に対して向けられている秘教という観念は、余りにも体系主義的でそして実際非現実的な秘教の観念を持っている人々の目には極めて逆説的で異端的なものにさえ映るだろう。しかしそれは事物の本性の中にある一つの可能性を証言しているのである。すなわち、通俗化された秘教は、ある種の実効性からその正当化を引き出しているということである。さらに言えばわれわれは選択肢を持ってさえいない。われわれは歴史的現象をありのままに受け取らなければならない。そして文字通り万人に対してではなくとも原理的には多数の人々に対して向けられた秘教の実在というものを受け入れなければならない。確かにこの「拡張された」秘教は常にいくつかの部門において真正の知恵を含んでいる。それは秘密を持っているが、それはその「核心」(ルッブ)においてのみであって、「殻」(キシュル)においてではない。それ自身は知恵ではないが、その内面性の諸段階の体系のおかげで、純粋な秘教の特徴的性質は自らを主張することができ主張せねばならない所においてはどこでも保存されている。

一方では歴史によって、他方では教団の大いなる伸張によって証明されているように、宣教される秘教というものが存在する。宣教されることがないのは完全な覚知のみである。その外面性を毀損するほどの――モーゼの律法の観点から見た場合のその異端性がそこから生じる――「内面性」の観点の力によって最初は秘教であった原始キリスト教は、宣教によって広まった。同様のことはスーフィズムにも当てはまる。それは「霊的な道」の観点の力によって、それゆえ「精神的実現」と「変容」の観点の力によって秘教的である。それは顕教的な法律とは異質な観点である。それはキリスト教と同様に、それ自身の神秘とそれによってその秘密とを有している。それにもかかわらず両者の場合において「万人」ではないとしても「多くの者」に対して向けられたメッセージが存在する。

それゆえ、そのことを人が気に入ろうが気に入るまいが関わりなく、イニシエーション的な宣伝というものは存在するし、実際初めから存在してきたのである(6)。存在しないのは、そして存在したことがないのは、必然的に秘密なものである教義とそれに対応する特定の手段の宣伝である。そしてこの場合においてすら、守秘と慎重さの必要性は単に外的なものであり人間的な環境と周期的な状態に従って変化する。ある伝統の外的側面と内的側面の中間項の不在は理論的にさえも考えられないことである。なぜならそのような劇的対立は実際には可能ではないだろうから。同様に、神と世界との間の対立は、一方において天的なそしてほとんど神的な世界の存在と、他方において神における世界の位格的予型の存在がなければ考えられないであろう。そういうわけで、普通のスーフィズムにおいては、洗練されたあるいは強化された顕教が、通俗化された道徳的な秘教と結びついているのである。そしてわれわれは同様の共生をインドやその他の場所で見ることができる。不二一元論的ヴェーダーンタでさえ、その民衆的な延長をシヴァ崇拝の環境の中に有している。神秘主義は内面性への傾向から、内的な経験への傾向から生まれてくる。それは人間にとって超自然的に自然なものである。それはすなわち、人間の生来の要求に対応しており、宗教が存在するところにはどこにでも見られるものであり、法律主義は、あらゆる希求を満足させることはできないのである。それゆえ神秘主義は存在しないことができない。そのレベル、段階、区分線は、全く別の問題である。(7)

われわれはスーフィズムの領域における信仰主義的な態度の侵入について指摘する機会を何度も持ってきた。われわれの現在の文脈は、そのもう一つの例を挙げることをわれわれに許す。それは、正しくもしくは誤ってイブン・アラビーに帰せられているものである。(8)それは次のようなものである。いくつかの節においてクルアーンは「神はその座に座っている」と語っている。そしてハンバル学派のようにそのスーフィーの著者は次のことを信じるのである。人はこのイメージを解釈したり理解しようと試みるべきではない、と。そして彼は、神の「着座」(イスティワー)のなかに、「上昇」「支配」あるいは「優越性」の象徴を見ようとすることに対して人々を非難している。これらすべてのことは「単なる推測」にすぎないとさえ彼は結論づけている。古の人々がいかなる注釈も伝えていないという理由で。われわれは逆にこの不作為が法的に拘束力のあるものだとは考えない。それは、あらゆることを説明することが古の人々の役割ではないからという単純な理由による。とりわけ自明な事項に関する問題については。さて、「神の座」というものがアプリオリには次のようなことを意味せざるを得ないということは明白である。座そのものが意味すること、すなわち権威や王権そしてその優越性、力、正義そして威厳といったものを。もし言葉が意味を持っているならば。そしてわれわれの信仰主義者達は、そのことに異論を唱えているように見える。意味を持たず、その存在理由をわれわれが追求することが禁じられているイメージを受け入れることを信仰は要求し得るとわれわれに認めさせることを彼らは望んでいる。あるいは、言い換えれば、神はただ単に提示するためにあるイメージを提示することができると。それゆえ、何物も意味しないイメージを、そしてそれを信仰の必須条件とすることができると。現実には、もし神が他ならぬ「着座」について語るならば、明らかにそれは、何か明確に理解できることを指摘することを神が望んだからである。玉座に座ることは、ある個人あるいは集団に対する関係において権威の役割を担うことである。明らかに神は彼固有の本性において、そして本性によって権威を有している。彼はそれを不変の仕方で所有しているが、単独のあるいは集団的なその対象物が存在するに至る或る宇宙生成論的な「瞬間」からのみそれを現実化する。これが神的な「着座」によって意味されていることである。いずれにしても、ある聖なる表現の唯一の正当な注釈（タアウィール）はその言葉の記録であると主張することは、語義矛盾である。それは、外国語の翻訳が単なる音の現象のうちにあると言うようなものである。

イスラームそれ自体は信者に、それらが受け入れられ真摯に実践されるという条件のもとに、彼が楽園に到達することを可能にする観念と手段とを提供する。スーフィズムの方は、絶対に対する関係におけるわれわれの偶然性の無性を道徳的な色合いの下に提示する。それは実際において、われわれがそれを気に入ろうが気に入るまいが、人間本性の癒しがたい腐敗というアウグスティヌス的なそしてルター的な概念へとわれわれを導いていく。確かに偶然的なものと絶対との間の共約不可能性の意識は、自我から出発するイニシエーション的な自己実現のための準備である。しかし、その個人主義的で意志主義的で感情主義的な提示は、覚知とは全く関係がない。そして、それはイスラームの中に、全体としてこの宗教の醒めた現実主義とは異質な神秘的道徳主義を導入する。そしてそのことは、かなりの程度まで法学者達のそしてまた哲学者達の敵意を説明する。彼らは時として単なる論理性よりも知恵により近いのである。それはともかくとして、聖人達が鳥や草の葉として生まれなかったことを悔やむとき、あるいは、地獄の炎の中で千年だけ過ごさねばならないとしたら幸福であると思う時、そしてその他のこの種の誇張においては、それらは基本的に今言及した共約不可能性の意識について述べていると考えることが常に可能である。それは合一的な錬金術の最初の条件なのである。しかしそれにもかかわらず、そのような象徴は、それらの字義的な誇張によって問題をはらむのである。

しかし、ここにもまた埋め合わせが存在する。もし「創造されたもの」と「創造されざるもの」の間の形而上学的な疎隔あるいは偶然的なものと絶対との間の疎隔が、道徳的個人主義の用語で表現されてきたならば、それから帰結する人間論的悲観主義は、憐れみと希望の神秘主義のための——あるいは、「救済する信仰」のための——跳躍台として機能することが実際に可能である。これはイスラームと同様キリスト教においてもそうであり、そしてより遠い例においては、阿弥陀仏の恩寵に基礎づけられた信仰的そして念仏的な仏教においてもそうである。なぜなら憐れみあるいは神的な誘引は、われわれの無性についてわれわれが持つ自覚の働きによってのみ現実化されるからである。この自覚が形而上学的あるいは道徳的あるいはその両者であろうと関わりなく[9]。

これらすべてのデータは、シャリーア、タリーカ、ハキーカ、「法、道、真理」の三幅対の特殊な解釈を考慮することを可能にする。用語の一般的な用法によれば、タリーカとは道であり、ハキーカとは到達されるべき現実である。少なくともこの最後の用語が、先行する用語との関係において理解される場合には。しかしタリーカという言葉によってわれわれはまた通常のスーフィズムの非常に広い領域を理解することもできる。そして、ハキーカという言葉によって、本質的なスーフィズムの限定された領域、それゆえ正当に秘教と呼ばれるものを理解することもできる。前者は、人間論的悲観主義、禁欲主義、功徳の蓄積そして慎重な道徳主義に基づいている。そして後者は教義的そして手法的な観点の両者から覚知に基づいている。

しかしここでタリーカという言葉の本来の意味に戻ろう。「道」は本質的に「停留所」、マカーマートを含んでいる。それぞれの根本的美徳すなわち、訓練と運命の試練に直面しても揺るがない美徳は、合一あるいは「現実」（ハキーカ）への道程における必要な段階である[10]。原初のスーフィズムの、そしてその後の時代の平均的なスーフィズムの禁欲主義的性格は、この停留所の理論によって肯定的に説明できる。それは「現実」の前にある「ヴェール」を段階的に取り除けていく。スーフィズムを禁欲として定義することにおいて、それは実現的そして解放的な停留所の連なりとして暗黙裡に定義される。そしてこれは秘教の特徴的性質に完全に対応する。秘教は、人間を単に救済する代わりに「変容」させる。あるいはむしろ彼を「変容」させることにおいて救済し、彼を救うことにおいて変容させる。

イニシエーション的誓約はイスラムにおいては、聖戦と関連している。秘儀伝授を受けた者達は「戦士達」（ムジャーヒドゥーン）である。秘儀伝授の道は、預言者自身によれば「大いなる聖戦」（アル・ジハード・アル・アクバル）である。さて、あらゆる様態の禁欲主義、断食・不眠・孤独・沈黙・功徳ある行為の蓄積は、「悪へと誘う魂」（エン・ナフス・アル・アマーラ）との戦いの多くの方法であり、そしてこのことは、秘教と禁欲との間の観念連合あるいはむしろ前者を後者へと還元するように思われる同一視を肯定的に説明する。しかしそれはまた試練の代償と照明的な開示によってのみ取り外される覆いとしての意味を持っている。ハッラージュが言ったように。「英雄でない者に葡萄酒を飲ませてはならない。眠りを放棄し、そして彼の瞼がもはや閉じることがないのでない限りは。」スーフィズムの謎は、事物がそれに値する代価によって指し示されていることである。天上的な価値が地上的な犠牲の用語によって表現されているのである。

イスラームはその全ての力を、一なるものの真理、それゆえ絶対の真理は決定的な真理であり、それゆえあらゆるもののうちで最も重要であるという明証から引き出している。そして人間は本質的にそして原初的に、この至高の真理の受容によって救済される。この超越的な真理の現実の受容の可能性と、この受容の救済的な効力は、言わば人間の本性と召命とを構成する。

至高の真理は、まさしくその本性と優越性によって、われわれがそれを全面的に、それゆえわれわれの全てをもって受け入れることを含意しそして要請するということを秘教的な観点はまず把握する。秘教は顕教にとって、円に対する球のようなものである。イスラームの幾何学においては、スーフィズムは原理的に第三の次元であり、それなしではイスラームは不完全であり、そしてその後には他のものはない。イーマーン・イスラーム・イフサーン（信仰、忍従、霊的徳）の古典的な三幅対について言えば、幾何学的な点は、これら三つの要素のうちの第一のものを象徴する。そして、円は第二のものを象徴し、そして第三のものは先の二つの要素を深化させそして転位し、かくしてそれらの普遍性と本質を実現するであろう。同様にわれわれが先に言及したシャリーア・タリーカ・ハキーカの三幅対に関しては、第二の要素は第三の要素を予期しつつ第一の要素を延長する一方で[11]、後者は、それらの共通のレベルを超越し普遍的な三次元性をもたらす。

「唯一の神の他に神はなく、同輩もないことを証言します。」この証言は、まず、神とその偽物との間の区別を、そして神と世界との間の区別を、そして最後に、自己と幻影との間の区別あるいは絶対と相対的なものとの間の区別を確立する。この第三の区別は完全形而上学に属し、そしてそれによって秘教的観点に属している。なぜならその区別は、神的領域にすら適用されるからである。そこにおいてそれは「相対的な絶対」すなわち有と純粋な絶対との間の区別を確立する。

「ムハンマドは神の下僕にして使徒であると私は証言します。」この第二の証言は、暗黙のうちにあるいは象徴的に人間の霊的本性を表現している。信者は、ムハンマドにならって、あらゆるところに存在する神の意志に服従しなければならないという意味において、「下僕」である。そして彼は神的な本性に参与しなければならない、そして結果として言わばそれを延長しなければならないという意味において使徒である。それはまさしく人間本性の特権の力によって可能となる。ムスリムの信仰主義は、これらの特質の第一のものを、最も正当な論理性を犠牲にしてまで容易に誇張する。それゆえ人はその逆説や誇張や不調和のうちに、道徳的意図や暗黙裡の神秘的意味を発見するように努めなければならない[12]。この信仰主義の観点からは、単純な事物の本性は無であり、道徳的あるいは禁欲的な意図が全てである。意志主義的な神秘家の知性をどの程度まで意志が決定することができそして決定せねばならないか、そしてまた逆に、覚知者においてどの程度まで知性は意志を決定でき決定せねばならないかという問題が残る。後者の関係は明白に前者に対して優越する。事実において常にそうではなくとも原理においては。

あらゆる瞬間における神の意志への忍従は、絶対の感覚と結びついて[13]、イスラームの観点の強力な独自性全体を、そしてそれゆえ敬虔を構成する。神の意志と結びついていると感じる場合にはいつでも、ムスリムは全く「彼自身」である。「自分自身を滅却すること」あるいは、神の意志のうちに「消滅する」(ファニヤ)ことは、同時にそして連動的に、神的現存(フドゥール)の道具となることである。それはまた原型と本質の放射の自由な通過を可能にすることである。単に「可能な存在者」にではなく「必然的有」（ウジュード・ムトラク）に属するもの、ないことができないものの放射を。

信仰の言語における陥穽

他所と同様にキリスト教においても、人間本性について語る場合に「下僕」の側面が過度に誇張される典型例が見出される。われわれは「誇張される」と言ったが、それは、客観的な現実の状況によって決定される限りにおける謙遜の美徳——それが欠けていれば行き過ぎが生じ規範はないだろう——に限界があると言いたいのではなく、ある種の宗教的感性は、常に人間の無価値性を誇張しがちであるということを指摘するためである。すなわち、全体的で神の似姿に作られた人間を、部分的で逸脱した人間に引き下げること、そしていくつかの場合においては、人間それ自体をある特定の種類の人間に引き下げることである。これはある意味において神が聖変化の儀式[*1]の前に次のように嘆願される時に起こることである。典礼に従えば、「あなたの下僕のこの献げ物をどうかお受けください。」あるいはパンとぶどう酒の上に「聖霊を送り」「あなたの善性からの好意として」それらをキリストの体と血に変化させるよう祈るとき、その他のこの種の形式である。このようにして主観的で道徳的な態度に対して、客観的で秘跡的な外観が与えられている。

この問題を意識していた聖トマスは、まず第一に、問題となっている祈願は、「神の力は過つことなく秘跡を作り出すのだから、余計なもの」ではないのか、と問う。そして次のように答える。一方においては「秘跡的な言葉の効果は、執行者の意図によって打ち消されることがありうる」、そして他方においては「神が与えてくださるであろうことをわれわれが確信していることに関して、神に祈願することは不適切なことではない」と。最終的に彼は次のように述べる。司祭がそのように祈るのは、犠牲が成就されるためではなく、「それがわれわれにおいて実りあるものとなる」(1)ためである。これらの説明は説得力があるが、(2)それらは定式そのものの理由を説明していない。われわれがここでかかわっている宗教的言語の観点からは、そして典礼上の差異とは独立して、それが問題の全てなのである。(3)

宗教的誇張のもう一つの例は次のようなものである。グラチアヌスの教令(十二世紀)は次のように規定している。「もし聖体がミサの後で残ったならば、司祭は恐れ慄きつつ、それを注意深く食べ尽くさなければならない。」聖なるものの感覚は、あらゆる無頓着さを排斥するというのは真実であるが、ここにおいて発現するべき活性化しそして平和を与える希望――それなしでは儀式にふさわしくないものとなるという覚悟のもとに信徒はそれを持てるようになるべきである――よりも、不寛容な道徳主義の印象を与えるような仕方で事項を表現する理由は存在しない。そのような場合において優先権を持つのは、「恐れ慄く」(4)態度ではなく、全く逆に、静謐と聖なる喜びからなる観照的精神集中である。確かに定義によって敬虔な畏れと結びつけられた精神集中であるが、全体的なアプローチを疎隔あるいは萎縮の反射的反応へと引き下げてしまうようなものではない。グラチアヌスの教令の表現は基本的に、現実的であるよりも感情的な信心によって聖体が気安く扱われる時に伴う無意識の冒瀆を人に意識させる役割を果たしている。その信心は「聖なるものを犬にやるな」*2という禁止命令を忘れており[5]、正しく理解された愛徳は真理に、それゆえ事物の本性に基づくという原理を忘れている。

　この文脈においてミサの金色のカリスが思い浮かぶ。そしてわれわれは宗教的感性が時として示す「排斥主義」を証言するもう一つの表現を思い出す。一度ならずわれわれは、金は単なる「卑しい」金属であり、一方、美しいのは霊魂である、とかその他類似の表現を読んできた。現実には、金が物質であるという事実はそれを「卑しい」ものにすることは全くない。さもなければ、聖体は、そしてより強い理由で、天国に挙げられ腐敗していないキリストや聖母の体は、卑しいということになるだろう。しかしそれは馬鹿げたことである。実際において、単なる存在的劣性を道徳的下劣性と混同するには、根本的に道徳主義的な心性によって影響されていなければならない。ミサのカリスは金でなければならないという事実そのものが、そのような用語の誤用そしてそれが論理的に帰結する不敬な連想が誤りであることを示している。宗教文献におけるその他の数多くの類似の例[6]——少なくとも扱われている主題がそのような混乱へ導く場合——がなかったならば、われわれはこのような誤用に言及しなかったであろう。根本的な「コンプレックス」は是非はともかくとして常に「霊」の名における「肉」の軽蔑、あるいは超自然の名における自然の軽蔑である。

先行する諸章においてわれわれは十分にイスラーム神学に言及してきたので、イスラームの宗教文献への接近を著しく困難なものにする、そして多くの場合においては阻止しさえするかもしれない、ある種の陥穽について再び指摘することは疑いもなく意味があるであろう。まず第一に省略語法的な表現への顕著な傾向があり、そしてまたほとんどそれと連動して、それに劣らず人を当惑させる誇張あるいは単なる強調への傾向がある。(7) われわれが見てきたようにキリスト教においてもこの種の陥穽が存在しないわけではない。しかしその言語は全体としてムスリムの信心の言語よりも より「アーリア的」であり、それゆえより直接的で開かれたもの、より少なく象徴的でより地味である。それゆえそれはその主題に関して冒す危険がより少ないのである。西洋人にとっては誇張は知的に不適切なもの、そして道徳的に不正直なものなのである。近東の人々にとっては、その虚偽性はその有用性によって埋め合わされる。それは真理を様式化することによって強調する。そのことによって、それが増幅するイメージの背後にある意図を解放するのである。強調はほとんど「本質化」の機能を担う。それゆえ、それは時としてその対象よりも「より真実である」ように見えるのであり、そして偶然性のヴェールによって曇らされたその秘密の性質を明らかにする。強調の量的な——質的ではない——性格は、それを受け入れ実践する人々の目においては、その力を奪い去ることはない。そしてこのことは、「力」の観念の特権、そしてそれゆえ全能性の議論と無関係ではないとわれわれは信じる。

シンボリズムは、原初の言語、永遠の叡智の言語である。問題はその義務と権利を知ることである。その答えは疑いもなく気質と時代によって変わってくるであろう。

ハディースそのものに始まるイスラームの宗教文献の数多くの逆説は、初歩的な論理すらお構いなしに「触媒作用を及ぼす衝撃」を引き起こすことを意図した省略語法によって説明され得る。常識は、「外的」で「表面的な」もの、あるいはこのように言ってよければ俗なもの、それゆえ、洞察・直観・鋭敏さの欠如として現れる。省略語法の逆説そのものが、背後にある意図にわれわれが気付くよう刺激することを意図されているのである。

一つの例として、われわれは次のハディースを挙げよう。ちなみにその真正性は保証されないが、そのことはほとんど問題とはならない。なぜならムスリム達はそれを躊躇なく引用するからである。「最も清い食物は、われわれの手の働きによってわれわれが稼いだものである。預言者ダビデは、彼のパンを稼ぐために、彼自身の手で働いた。取引を正直に行い、他人を騙す望みを持たない商人は、来世において預言者や聖人や殉教者達の列に加えられる。」文字通りに受け取った場合の明らかな不条理に対して人は直ちに次のような反論を提起することができよう。ダビデは王であって、労働の問題は彼には起こらなかった、と。しかしながら、彼は彼の臣民に対して良い模範を示すことを意図し、そして王としての職務を報酬を支払われるべき労働とは考えなかった、ということも想像し得る。この点はそれほど重要ではないが、自分の食物を稼ぐために働かなければならないと信じている王のイメージそのものが不条理なものであるので、その有り得る妥当性を指摘することは意味がある。しかし本質的なことに進もう。商人は第一にできるだけ稼ぐことに関心を持っており、多かれ少なかれ詐欺の誘惑は、商取引そのもののうちに存在している。[8] 方法的にこの誘惑に抗うこと、それゆえ根本的に利得への本能を放棄することは、神への信仰に基づいて、それゆえ霊的理想に基づいて、主観性の状態に対して死ぬことである。客観性は、知的なものであれ道徳的なものであれ、実際一種の死なのである。[9] さて、結局のところ人間的召命の本質である客観性は、聖性の一つの様態であり、そしてそれは、その内容が高められ或いは完全である程度に従って、聖性と一致しさえする。神への愛のための商人の離脱は、「一種の聖性」であり、それはその本質を考慮するならば、「聖性そのもの」と一致する。そこから先に引用したハディースにおいて聖人や預言者への言及さえもが生じる。[10] この言明は一見したところ人を当惑させるものであるが、まさにその理由のゆえにそれは人を瞑想へと誘うのである。

対話的そして象徴的な省略語法は、多くの濫用を引き起こし得る、あるいはそれが刺激することを想定されている批判的感覚を失わせることもあり得るということは極めて明白であるが、それは問題ではない。それはともかくとしてヒンドゥー教の聖典に書かれているように「神々は、朧な言葉を愛で給う」のである。神々がこのような言葉を愛するのは、不可解なことを愛するからではなく、冒瀆を嫌うからである。霊魂から冒瀆の悪を取り去れば、神々は彼らの言葉から曖昧さのヴェールを取り去る。問題は、どの程度まで人間はこの原理に対する権利を持っているか、どの程度まで人間は神々の名において語り、そして神々のように語ることができるかということである。

しかし逆説的な外観を持つ省略的な表現だけではなく、象徴的、類比的、暗示的な表現というものも存在する。これに関連してわれわれは次の発言を引用しておこう。それはカリフであるアリーのものとされている。[11]「もし一滴の葡萄酒でも井戸の中に落ちるならば、後にそれが塔を建てるために埋められたとしても、私は祈りの呼びかけをするためにその塔に上ることはないだろう。もし一滴の葡萄酒でも川の中に落ちるならば、その後それが干上がってその河床に草が生えても、私はそこで放牧をしないだろう。」文字通りに受け取るならば、これらの発言はまさしく馬鹿げている。なぜなら、葡萄酒とその禁止の両方に関して、事物の本性に反しているからである。実際には葡萄酒そのものは高貴なものである。カナの婚礼[*3]と聖体祭儀によって証明されるように。そしてクルアーンがそれを禁止するのは単に酩酊の危険、それゆえ無責任や闘争や殺人の危険のためであり、その他の理由はない。葡萄酒の本性と法の意図に反して、引用された発言は、論理的には、葡萄酒は本質的に邪悪なものであり、他方においては、法がそれを禁止するのはそのためであると言っているに等しい。伝統的には、楽園においては葡萄酒は許可されるであろうと言われている。そして、キリストもモーゼもアブラハムもノアも葡萄酒を飲んだことは誰もが知っている。要するに昔のセム人達全ては葡萄酒を飲んでいたのである。ユダヤ人達やキリスト教徒達が、尊敬すべき仕方で今でもそうしているように。またスーフィズムにおいて葡萄酒の象徴が肯定的な役割を演じる事も知られている。[12]引用された発言の不条理は余りにも明らかなので、この不調和そのものが、ここには何か暗示的で類比的な意図があると想定することを許す、あるいは認めることを義務づける。結局問題になっているのは、葡萄酒そのものではなく、自然的かつ個人主義的で、超自然的かつ解放的なものではない心理的酩酊の邪悪な或いは否定的な原理なのである。俗な音楽において、或いは俗な仕方で受容された音楽において介入してくるのは、自我がそれ自身を超越することを可能にするのではなく自我を増幅する酩酊のこの側面である。[14] その結果は霊的訓練を受け付けないナルシシズムであり、聖なる芸術がその予感を与えることを意図している至福に満ちた滅却とは正反対の自我崇拝である。美しい音楽を聴くと、罪人は自分が無実であると感じる。観照的な人間は逆に、同じ音楽を聴いても、本質的なものの予感を持つことによって自分自身を忘れる。隠喩的に言えば、彼は彼の命を失うことにおいてそれを見出すだろう。あるいは、彼の命を見出すことにおいてそれを失うだろう。すなわち観照的な人間にとっては、音楽は偶有的なものの実体への帰還の神秘の全てを呼び覚ますのである。[15]

しかし、アリーのハディースに戻ろう。要約すると、第四代カリフの葡萄酒に対する敵意は、葡萄酒は実際のところ傲慢に相当するということを人が認めるならば説明される。酩酊によって生み出される自我愛的な慢心は、実際、そのルシファー的な側面において見られた「原罪」に他ならないのである。同様にして、われわれが最初に引用した商人に対するハディースの熱烈さをわれわれは理解することができる。「貪欲は好色に等しい」そして「好色は堕落に等しい」という同一視を考慮するならば。ここでも再び問題になっているのは「原罪」なのである。しかしこの場合は、その貪欲で吝嗇なエゴイズムの側面におけるそれである。「金」と「葡萄酒」に対する勝利は、「古いアダム」に対する勝利となる。それは聖人達や預言者達によって体現された勝利である。彼らの本性は、フィトラ、「原初の本性」、楽園の選良達の本性に他ならない。

反駁不能の宗教

再び、そしていつもながらのキリスト教とイスラームの対立。しかしこれは重要な問題であって、われわれはそれに再び立ち戻ることに対して弁明をする必要はないと思う。

キリスト教に対してのイスラームの議論は基本的には——そして多かれ少なかれ暗黙には——次のようなものである。神は神であるということを人が知っている時——すなわち、神は至高の現実であり至高善であるということを知っている時——そして、この人が清い心をもって神の前に立つ時、彼は本質的で決定的なものを何も欠いてはいない。彼はハニーフ、「清い者」であり、真理と救済のために要求される条件を満たしている。それゆえ、これでは不足であり、人間はまだあれやこれやを必要とするのだとは誰にも主張させるべきではない。なぜなら、この人は堅固な地盤の上に立っており、誰も彼の二重の確信を揺るがすことはできないからである——すなわち、神と救済についての確信を。

しかしながら、イスラームもまたそれ特有の教義と数々の戒律を持っているではないか、と論じることができよう。それはその通りである。しかしこれらの要素は、われわれが今表明した基本的条件の上に基礎づけられているのである。これらの要素がその存在理由を引き出すのはこの基本的条件からなのである。(1) それらの要素は本質的なものではないが、法はムスリムにとってそれらが本質的なものであるかのように規定しなければならない。そうでなければ本質的なものそれ自体が失われてしまうであろう。

それゆえ、全き心をもって人が神の前に立つ時――すなわち「貧しく」そして思い上がっていない時には――彼は絶対的な確信の地盤の上に立っているのである。彼の条件付きでの救済と神への確信の上に。そしてこれが、神が祈りというこの超自然的な鍵をわれわれに与えた理由である。われわれが神の前に原初の状態で立てるように、そして「常にそしてどこにおいても」――あるいは永遠において――立てるように。

「全き心をもって人が神の前に立つ時」とわれわれは言った。これは人に善意であることを暗黙のうちに要求している。それは、人が罪を犯したことが決してないということを意味するのではなく、人が常に自分を神へと近づけることをしようという意図をもって生活し、神から自分を遠ざけるものを避けて生活するということを意味する。そして人はこの意図を彼の行いによって顕にする。そうでないとすれば、彼は全き心をもって神の前に立つことはまさしくできない。

これら全てのことは「救う信仰」に結びつけられている。信仰は、ある行いによって救済を勝ち取ることを人間に要求しない。信仰は祈りを要求し、そして祈りの一種の延長として、行動および忌避による自己の義務の達成を要求する。この達成は、それが習慣的なものであれ個々の状況によって課せられたものであれ、最も重要な行いである祈りによって聖なるものとされる。かくしてその達成は、念禱を主要な支えとする解放的錬金術へと、その性質に従って多かれ少なかれ間接的に参与するのである。

イスラームやその他のほとんどの宗教においては、教えが全てである。キリスト教においては、――そしてある意味においては仏教においても――より主要なのは逆に教えを伝える人物である。実際、キリスト教の偉大なる議論とは、神御自身が来られた、という事実である。キリスト教を独自であると同時に反駁不能のものにするのはこの議論である。キリスト教の観点からは、他の全ての教えを伝える者達は彼らの教えと共に乗り越えられ「格下げ」されてしまったように見える。イスラームは霊的原型の内在的真理――そして権利――に立脚することによって、この議論を受け付けないままに留まるということをわれわれはすでに指摘した。

キリスト教においては教えを伝える者が全てであるとすれば、そしてそれゆえ、われわれが今し方言及した普遍的証明に対して教えを伝える者の光輝が優越するとすれば、これは根本的にはキリスト教の観点は超越の神秘よりも寧ろ内在の神秘に関わっているからである――しかしそれでもキリスト教は超越の神秘を蔑ろにする訳にはいかないが――そしてこれに対してイスラームでは、顕教においては超越性が優越し、秘教においては内在性が優越する。キリスト教における普遍性への門は、神の超越性の側にではなく御言葉の内在性の側にある。キリスト教的現象の全てはその内在化によって普遍化される。すなわち、キリストはわれわれの内にある御言葉、マイスター・エックハルトによれば「創造されず創造されえない」知性なのである。キリスト教はこの内在の神秘を超越の次元へと投影し、そこから三位一体の概念が生じる。イスラームは超越主義の熱烈な擁護者としてそれを厳格に排斥する。それはともかくとして、イスラームの反駁不能性が神の超越的次元に基礎づけられた証明のうちにあるとすれば、キリスト教の反駁不能性は内在的次元に基礎づけられており、そしてこの形而上学的解釈によって、キリスト的現象は普遍的現実に、そしてそれゆえ絶対的に反駁不能の真理に結びつくのである。

キリスト教の方便(2)においては、証明は「知的」であるよりも寧ろ「存在的」である。このことは、「現象」の要素の強調――すなわち神の「人格的来臨」――のみならず、その結果として聖体的様態によっても証明される。キリストは「命」であり、彼は生かし、人は彼をパンと葡萄酒のうちに「食べる」(3)。根本的には、キリスト的現象の明証のは次の原理に存する。「神が人間となったのは人間が神となるためである。」

神ということは救済ということである。神とはわれわれを創造する望みであるとともにわれわれを救う望みである。神の名――その形はいかなるものであれ――は、われわれの救済のしるしである。神の招きに対して自己を閉ざさぬことは人間の側の責務である。なぜなら、預言者にして王なるダビデが歌うように、「主は私の岩、私の砦、私の解放者」(4)だからである。そしてイザヤも言う――ここにおいて語っているのは永遠なる者自身であるが――「私は主である。私のほかに救う者はいない。……私のほかに神はいない。正しい神にして救う者。(5)」

「われわれはあらゆる人の、とりわけ信じる者の救い主である神に信頼している。(6)」テモテへのこの使徒の言葉は、信じる者達――まさしく、自らを慈悲へと向けて開く者達――を「事実において」救済しようとする神の意志と、「原理上」人間それ自体を救済しようとする神の意志との区別を明らかにしている。そしてこれは、神的本性の中にあり、あらゆる人間に向けて差し出される救済の意志である。Et in terra pax hominibus bonae voluntatis.（そして地には善意の人に平和あれ。[*1]）

第3部 魂の世界

感情的要素の両義性

「感情的」にならないこと。これが今日では「客観性」の条件そのものとなっているようである。だが実際は、客観性は感情的要素の存在あるいは不在とは独立している。確かに、感情が思考を決定する場合あるいは言わばそれを創造する場合には、すなわち、感情が思考の結果であるよりも寧ろその原因である場合には、「感情的」という言葉は軽蔑的な意味のものであるというにふさわしい。しかしこの言葉はまた、中性的な意味をも持つべきであって、それは、感情がただ単に正しい思考に伴うかあるいはそれを強調する場合においてである。すなわち、感情が思考の結果であってその原因ではない場合である。純然たる激情的な見解がたまたま現実と一致することもあるというのはなるほどその通りであるが、このことはわれわれが今確立した区別を無効化しない。

感情的要素は、それが「道徳的に」強調する正しい思考と結びつけられた場合には、単に余計なものでは決してない。さもなければ「聖なる怒り」は無意味な表現となろうし、キリストは怒りを顕わにしたとき間違っていたのだということになろう[*1]。このように、感受する魂のうちに——魂は存在するゆえに――憤りと軽蔑を惹き起こし得る、あるいは惹き起こすことが当然である諸事物というものが存在するのである。極めて自然に憧れや畏敬を生じさせる諸事物というものが第一に存在するように。われわれは「第一に」と言う。なぜなら、人はまず聖なるものを畏敬し、しかるのちにその反対物を軽蔑するのだからである。人は悪を嫌悪する前に善を愛する。そして悪を嫌悪することは善を愛することなくしては意味をなさないであろう。

感受性は、論理的定義が直接的具体的に明らかにすることのできない善や悪の諸側面を明らかにし人に知覚せしめる。これらの諸側面とは、真理あるいは誤謬の、美徳あるいは悪徳の、存在的、主観的、心理的、道徳的、美的側面である。単なる無知から、それゆえに均衡感覚の欠如から、事実上冒瀆的な言葉を発する子供を思い浮かべてみよう。彼の父が彼に雷を落としたならば、子供は、彼の父が子供の言葉の冒瀆性を抽象的に説明するに止めたならば学び得なかったであろう何かを「存在的に」学ぶのである。父の怒りは、罪の程度を具体的に子供に示し、それなくしては抽象的で無効なままになったであろう一つの次元を見えるようにする。同じことは、必要な変更を加えて、逆の場合においても当てはまる。両親の喜びは、子供に、彼の功徳ある行いあるいは単に美徳の価値を把握できるものにするのである。

経験と良識に反して、全員ではないとしてもある種の精神分析の実践者は、人は決して子供を叱るべきではないと考えている。なぜなら彼らは懲戒は子供に「精神的外傷」を与えると信じているからである。彼らが忘却していることは、正しい懲戒――それゆえ過失に見合った懲戒――によって精神的外傷を加えられるような子供は既に怪物であるということである。この点に関する正常な子供の本性は、両親への尊敬と善への本能的指向である。正しい懲戒は、子供を根本的に傷つけるどころか、言わば規範の内在的意識へと彼を送り込むことによって彼を照らし自由にするのである。もちろん、両親が間違っていて、子供が精神的外傷を受けるのも尤もである場合も存在する。しかし普通の子供、あるいは普通の美徳を持っている子供は、そのことによって怨恨的な不毛の悲しみの中に陥ったりはしない。全く逆である。彼は、あらゆる正常な人が有している直観の助けによって、彼の経験から良い教訓を引き出すのである——あらゆる不運は形而上学的に必要なものである、ということを。なぜなら試練なくしては誰も完徳に到達し得ないからである。

何等かの程度で、無感受性がその権利を有しているということは疑問の余地がない。しかしそれはそれのみで客観性を証明することはない。それが証明するのは、ある種のあまりにも人間的な、あるいはあまりにも地上的な幻影から独立してあろうとする正当な意図——一定の霊的状態あるいは都合の良さあるいは単に事物の釣り合いによって指示される意図——であるか、あるいは反対に、横柄な見せかけ、それゆえ高慢あるいは愚かさである。自然な威厳が、ある種の無感受性を必要とする——そのことによって「不動の動者」および聖なるものの感覚を顕示する——としても、それは魂の自然な衝動を排除するわけではない——賢者達や聖人達の生涯によって、そして何よりも日常的経験によって、明らかに示されているように。

これは、霊的な人間の感情は俗な人間の感情と全く似たものであるということではない。「聖なる怒り」という言葉そのものが、霊的な人間には、俗な人間に欠けている聖化的要素が存在しているということを示している。すなわちそれは感情の下に横たわっている静寂であり、それは「不動の動者」を言わば延長し、「内なる人」[*2]のうちにある。――エックハルトの用語で言えば――から流れ出る。これに対して、感情そのものは「外なる人」のうちにある。霊的な人間においては、彼の内面的な無感受性――不変なるものの意識から帰結する――と彼の感情との間にはつながりが存在する。霊的な人間が怒る時、それは言わば彼の観照的無感受性の基盤に乗ってであり、それに反するような仕方で怒るのではない。対するに俗な人間は全く自分の怒りの中に包みこまれてしまい、怒りが不正あるいは不相応であるほどにまでそうなってしまうのである。彼は「包み込まれる」、すなわち神を意識することから切り離され、それゆえ不死性の実質から切り離される。神学が怒りを大罪と考えるのはこの意味において――そしてこの意味においてのみ――である。しかしながら神学は、神の怒りを反映し延長する聖なる怒りというものがあるということを看過してはいない。感情は、それが人間だけに属している程度に応じて、そしてそれゆえ天上的原型が関わってこない限りにおいて、俗なものである。

これら全てのことは霊的な人間の感情においては「不動の中心」が常に現存し接触可能な状態にあるということを示している。彼の感情は認識に結びつけられているので、真理は決して裏切られることがない。彼の心は自発的にそして衒いなく明晰であり続ける。

一方において、われわれはあるものを理解するがゆえにそれを正しく賛美する。他方において、われわれはあるものを賛美することにおいてそれを理解する、すなわち、われわれの賛美はわれわれの最初の理解を広げ深める。感情あるいは感受性は、この場合においては、同化の一様態である。(1) すなわちそれは副次的な様態の認識であり、それは論理的には後続的に起こるが、実際には、それは物理的あるいは知的知覚と同時に起こることもあり得る。かくして、性格の高貴さあるいは美徳とは、アプリオリには、ほとんど存在的な適合への性向なのであり、それは本来的に認識と呼ばれるものと同様である。このことは、美徳とは客観的である態度、現実に適合する態度であるということを意味する。そして場合によっては、それはある種の犠牲を要求するであろう。なぜなら、われわれが他所で書いたように、完全に客観的になることは少し死ぬことであるから。

今日では、二たす二は五であると平静かつ冷静に主張する人間の「客観性」を人は称賛し、一方、二たす二は四であると憤って答える人間(2)は感情的になっているとして非難される。客観性とは対象への適合であって物の言い方ではないということ、客観性の基準とは現実であって語調や表情ではなく、非人間的で不遜な装われた平静さでもないということを人は認めたがらない。そしてまたとりわけ、感情は人間の対話法の兵器庫においてその権利を保持しており、これらの権利は客観性に反するものではありえないということを人は忘れている。最も厳密に客観的な思考――それが知性的なものであれ理性的なものであれ――でさえも、心理的でそれゆえ主観的な要素を、すなわち確信の感情を伴っている。それがなければ人間は人間ではないであろう。さて、人間は「神にかたどってつくられ」ており、そしてこれが彼の存在理由そのものである。その自然にして生来的な性質のゆえに人間を非難することは、創造主の創造の意図のみならず創造主の本性そのものを非難することである。

反感情的で人工的に無感受性の「客観主義」は、次のような矛盾においてその誤りを露呈する。不動にして不遜な理性の代弁者をもって自ら任ずる人間は、同時に放恣な性交を唱道し――彼らは禁欲の趣味を持っていない――、あるいは話題が政治のことになるとたちまち燃え上がる等、その他同様の首尾一貫性の無さを持つ。このことは、彼らの「客観性」とは誤謬と衒い以上のものではなく、高慢さと辛辣さに結びついているものであるということを証明している。卑しい人間を――それが政治上の敵対者でない限りは――弁護し、善意の人間を平静に感情なくあるいは少なくとも感情を表に出す事なく謗るという傾向はそこから来る。これはまさしく、あらゆる種類の偽善を特徴づける片面的道徳性の一例である。

それはともかく、憤慨や熱情は常に偏見や偏向を表しているのだという、非常に蔓延している精神分析的見解に対して人は反発せねばならない。この単純主義的な見解は同様に愚かなもう一つの誤謬と関係している。すなわち、論争において全く正しい人というものはおらず、怒る人は常に間違っているのだ、という誤謬と。

言葉の使われ方に注意する必要がある。「客観性」と「主観性」、あるいは、「理性」と「感情」という言葉が、性質的な対立としての意味で並置されている場合、後者は軽蔑的な意味合いであるということは言うまでもない。なぜならそれは欠如を指し示すと考えられているからである。しかし、それはそれ自体としては軽蔑的な意味の言葉ではない。なぜならそれは、それ自体としては中性的であり、それゆえ場合によっては良い性質のもので有り得るものをアプリオリに指すからである。もちろん、言語的慣習は、「客観性」あるいは「理性」という言葉に対するようには、「主観性」あるいは「感情性」を良い性質として扱うことをわれわれに許容することはない。逆に、われわれが感情の肯定的側面を表現しようと望むとき、言語的慣習はわれわれに内容を特定すること、つまり「性格の高貴さ」や「美徳」について語ることをわれわれに義務づける。美徳は「真理」の付随物である。真理に適合した感情はまさしくその事実によって高貴であり有徳なものである。われわれが既に述べたように、高貴さとは適合である。不適切あるいは不相応でそれゆえ魂の美に反する感情の場合とは反対に、その感情には恣意的なものは何もない。

無論、最も高度な観念、とりわけ形而上学的真理は、必ずしも感情と本来的に呼ばれるものを含むとはかぎらない。しかしそれらの真理は、必ず、認識主体の魂に確信の感情を、そしてまた静寂、平和、喜びを授ける。(3) 基本的に次のように言うことができよう。真理があるところにはまた愛もある。それぞれのデーヴァ*3はそのシャクティを有している。人間的ミクロコスモスにおいては、感受する魂は識別する知性と結びついている。(4) 神的領域においては慈悲は全知に結びついているように、そして最終的には、無限は絶対と同一実体であるように。

心理学主義の欺瞞

われわれが「心理学主義」と呼ぶものは、全てを心理的要素に引き下げ、知的なものあるいは霊的なもの——前者は真理に関係し後者は真理における真理による生活に関係する——のみならず、人間精神そのものを、そしてそれとともにその適合の能力と、さらにより明白にはその内的非限定性と超越性とを疑問に付す偏見である。これと同様の過小評価的で真に転倒的な傾向は「科学主義」に支配されたあらゆる領域において猛威を振るっているが、その最も先鋭な表現は疑問の余地なく精神分析において見出される。精神分析は、物質主義や進化論——精神分析は実のところこれらの論理的かつ不可避的な派生現象にして本性的同盟者である——のような俗なイデオロギーが常にそうであるように、帰結であると同時に原因である。

精神分析は、二つの意味で欺瞞と呼ばれるにふさわしい。第一に、それは常に知られてきた諸事実、知られる他はなかった諸事実を、今になって発見したかの如くに振舞っているからであり、第二に、そしてこれが主要な理由だが、本当は霊的なものである諸々の権能を不当に我が物とし、事実上宗教として振舞っているからである。「良心の究明」[*1]と呼ばれるもの、あるいは、ムスリムによって「想念の知」(イルム アル＝カワーテル)、あるいはヒンドゥー教徒によって「探求」(ビチャーラ)と呼ばれるもの――それぞれの場合においてやや意味合いは異なっているが――は、それらの真の動機を意識することなく、あるいはそれらの動機の真の性格を識別することなく、われわれが自動的に反復している行動と反応の、近接もしくは遠隔の諸原因の客観的な分析にほかならない。ある人が習慣的にそして盲目的に同じ状況において同じ過ちを繰り返し、それは彼が自らの潜在意識のうちにトラウマや自惚れに基づいた誤謬を持っているからであるということがある。癒されるためには、彼はこのコンプレックスを発見し、それを明白な定式に翻訳してみなければならない。彼は意識下の諸誤謬を意識し、それらをそれに対立する断言によって中和しなければならない。もし彼がそれに成功すれば、彼の諸々の美徳はより明晰なものになるであろう。老子が次のように言ったのはそのような意味である。「病に気付くことは最早それを持たないことである。」[*2]そしてマヌ法典に言う。「認識に匹敵する清めの水は存在しない。」[*3]すなわち、知性による客観化に。

精神分析の新しい点、そしてそれに邪悪な独自性を付与するものは、魂のあらゆる反応や傾向をことごとく卑俗な諸原因に帰せしめ、霊的要素を排除する偏見である。凡庸で俗悪なものに健康を見出し、高貴で深遠なものに神経症を見出す精神分析の悪名高い傾向はそこから来る。人間は、この世界においては試練や誘惑から逃れることはできない。それゆえ彼の魂は不可避的にある種の動揺によってしるしづけられている――彼の魂が、非常に宗教的な環境下において起こり得るような天使的な静寂を持つもの、あるいは逆に、至る所で起こっているような如何ともしがたい無気力を持つものでない限りは。しかし精神分析は、彼の自然な、そしてある意味において摂理的な不均衡を最大限に――彼の究極の目的にとって利益となるようなあらゆる仕方で――利用することを人間に許すのではなく、その代わりに、無定形の均衡の中に彼を連れ戻そうとするのである――あたかも雛鳥から翼をもぎ取ることによって、飛ぶことを見習う苦痛を取り除いてやるかのように。類比的に言うと次のようになる。もしある人が洪水によって悩まされ、それから逃れる道を求めているとすれば、精神分析はその悩みを取り除いてやり、彼を溺れるにまかせるのである。あるいは、罪を滅ぼす代わりに、それは自責の念を滅ぼし、かくして患者を心静かに地獄に行かせるのである。分析家が、同時に患者を破滅させることなく危険なコンプレックスを発見し解消したことは決してないというわけではない。しかしわれわれはここで原理について話しているのであり、この領域においては、内在する危険や誤謬が偶発的な利点や断片的真理を限りなく上回っているのである。

これら全てのことの結果として、平均的な分析家にとってコンプレックスはコンプレックスであるがゆえに悪いものである。彼は次のことを見ることを拒否する。すなわち、人間にとって名誉なコンプレックス、あるいは彼が神の似姿であるゆえに彼にとって自然なコンプレックスというものが存在し、そしてそれゆえこれらは必要な不均衡であり、われわれの上方から解消されるべきであって下方から解消されるべきでないものである、ということを。(1) そして根本的にはこれと同一の別の誤謬がある。それは均衡が均衡であるがゆえに良いものであると見なすことである。あたかも、無感覚や転倒から構成される均衡など存在しないかのように。われわれ人間の状態はそれ自体として不均衡なのである。なぜなら、われわれは地上的偶然性と、生まれつき持っている絶対の呼び声との間に存在的に吊り下げられているからである。心理的結び目を解くことが問題の全てなのではない。人はそれをいかにして、そしてなにゆえに解くべきなのかを知らなければならない。われわれは無定形な実体ではなく、原理的には上昇的な諸運動である。われわれの幸福はわれわれの本性全体にふさわしいものでなければならない。さもなければわれわれは動物にまで堕ちてしまう。なぜなら、神なき幸福とはまさしく、人間が破滅することなくそれを受け入れることができないものなのだから。そしてそれが、魂の医師はポンティフェクス（橋を作る者）、言葉の正しく伝統的な意味における霊的師匠でなければならない理由である。俗な職業的医師は、単なる常識が解決できるような初歩的な困難以上のことについて魂に介入する能力を持っていないし、それゆえそれを行う権利も持ってはいない。

精神分析の霊的社会的犯罪は、それゆえ、宗教の地位の略奪あるいは神の知恵の地位の略奪であり、その手続きからの、われわれの究極の運命に関するあらゆる考慮の排除である。それはあたかも、神に戦いを挑むことができないので、神に属し神に向けて運命づけられたものである人間の魂を攻撃するかのようである——神の像を、その原型の代わりに卑しめることによって。超自然を回避するあらゆる解決と同様に、精神分析はそれが破壊したものにそれ自身の仕方で取って代わる。その意図的なあるいは意図的ならざる破壊行為によって作り出された空虚は、精神分析を拡大し、それに偽りの無限を提示させ、あるいは疑似宗教として機能させる。

発展するために精神分析は都合のよい土壌を必要とした。観念の観点からのみならず心理的現象の観点からも都合のよい下地を。これはどういうことかというと、常に大脳的であったヨーロッパ人は、過去約二世紀において一層その度合を強めていた、ということである。さて、この知性全体の頭への集中は、過剰で異常な何かなのであり、それが引き起こす異常発達は、ある種の領域におけるその有効性にもかかわらず、長所ではないのである。

通常は、知性は精神にのみならず心臓にもあるべきであり、体全体に広がっているべきものなのである。とりわけ「未開人」と呼ばれる人々においてそうであるように——極度に文明化された人々より彼らがある点において優れていることは否定し難い。それはともかくとして、われわれがここで主張したい要点はこうである。すなわち精神分析は、かなりの程度まで、機械が人間の生活のリズムを指導し、更に深刻なことには彼の魂や霊までをも指導している世界において多かれ少なかれ広まっている精神的不均衡の帰結である、ということである。

精神分析は、「信仰者」の世界への多かれ少なかれ公式的な侵入を果たした。これはまさしく時のしるしである。[*4] このことは、いわゆる「霊性」の中に、人間の尊厳性と全く相容れず、同時に「大人」で「解放された」ものであるというその主張に奇妙にも矛盾するような手法の導入をもたらした。人々は半神であることに戯れながら自らを責任無能力者として扱っている。あまりにも慌ただしい環境や、あまりにも良識に反する生活の仕方によってもたらされた些細な憂鬱のために、人々は分析家のところへ駆けつける。そして彼の役目は、これらの人々に何等かの偽りの楽観主義を植えつけたり、何かの「解放的な」罪を勧めたりすることなのである。均衡というものは一つしかありえないこと、すなわち、われわれの真の中心に、神にわれわれを固定せしめる均衡しかないということを、誰も全く気づいていないように見える。

信仰者達による精神分析的アプローチの受容の最も憎むべき効果の一つは、聖母崇敬の冷遇である。あらゆる代償を払ってでも「大人」になろうとし、下品なもののほかは最早何も信じない野蛮な心性だけが、この崇敬に当惑するのである。「女性崇拝」あるいは「エディプス・コンプレックス」の反論に対する答えは、他のあらゆる精神分析的議論と同じく、それは問題を回避している、ということである。なぜなら真の問題は、ある態度の心理的条件がどのようなものであるかではなく、全く逆に、その結果がどのようなものであるかだからである。例えば、人は「劣等感」あるいは「事実の直視の拒否」から形而上学を「逃避」あるいは「昇華」として選択するのである、と聞かされる。こういった説明のすべては全く無意味である。なぜなら、真にして善なるものを受容する機会因となる「コンプレックス」は幸いなるものだから！　しかしまた次のこともある。近代人は、バロック時代から彼らの文化と宗教性が彼らにつぎ込んできた人工的なやさしさにうんざりしているので、――彼らが習慣的にそうするように――その嫌悪を全ての正当な優しさや上品さに対しても及ぼし、かくして、彼が「信仰者」である場合には自らを全ての霊的次元から締め出し、あるいはあらゆる真の人間性からさえも締め出すのである——ある種の子供じみた、粗野や騒音の崇拝によって示されているように。

そしてさらに、ある特定の信心が、ある人々の意識においてどのような価値を持つか、と問うことは十分ではない。人はまた、その信心を何によって置き換えるのか、と問わなければならない。なぜなら廃棄された信心の場所は決して空のままではありえないからである。

「汝自身を知れ」（ヘレニズム）と伝統は言う。そしてまた「自分自身の魂を知るものは神を知る」（イスラーム）。精神分析のあるべき姿あるいはそれがそうであると主張している姿の伝統的モデルは、美徳と悪徳の知である。根本的な美徳は真摯さであり、それは謙遜と一致する。真理と公正の針の探りを自らの魂に入れる者は無意識の最も微妙な結ぼれをも発見する。霊を癒すことなくして魂を癒そうと試みることは無益である。第一に必要なことは知性を、それを歪めている誤りから清めることであり、それによって、魂が均衡に立ち戻るための基礎を作り出すことである。どのような均衡でもよいわけではなく、魂がその原理を自らのうちに有しているところの均衡を。

情念的な魂は「軽蔑すべきものである」と聖ベルナルドゥス[*5]は語った。そしてマイスター・エックハルトは、それを「嫌悪」するようにわれわれに勧める。[*6]これは次のことを意味する。すなわち、われわれのあらゆる内面的悲惨に対する大いなる処方は、われわれ自身に対する客観性である、ということである。そして、この客観性の根源あるいは出発点は、われわれの上に、神のうちにある。

神のうちにあるところのものはまさにその理由によってわれわれ自身の超個人的な中心すなわち純粋知性の中に反映されている。すなわち、われわれを救う真理はわれわれ自身の最内奥の最も現実的な実質なのである。誤謬、あるいは不信仰とは、自らがそうであるところのものであることを拒否することである。

美徳の匿名性

　聖アウグスティヌスによれば、「他のすべての悪徳は、悪に自らを執着させ、それらをなさしめる。ただ高慢のみが、善に自らを執着させ、それらを滅ぼす」[*1]。そして同様にアルスの主任司祭[*2]によれば「謙遜は諸徳にとって、ロザリオにとっての鎖のようなものである。鎖を取り除けば全ての珠は散り去る。謙遜を取り除けば、全ての諸徳は消え去る」。別の言葉で言えば、高慢は自らの美徳を他者あるいは自分の前で称えることに存する。そしてこのことは、二つの理由で諸徳を破壊する。まず第一に、人はそれによって、現実には神に属している諸徳を神から引き離し、――ルシファーのように――自らを神的源泉の地位に据えるからである。そして第二に、人は必然的に相対的なものである現象に、事実上不相応な価値を帰属させるからである。「施しをするときは、あなたの右手がすることを左手に知らせないようにせよ。[*3]」

　有徳な人物は自らの美徳を意識しておらず、それらを意識することは高慢である、という誤った結論がなされてきた。さて、高慢な人間は彼が思いつくあらゆる美徳を進んで自らに帰属させるという事実は、自分の美徳を意識している人は皆高慢であるということを決して意味しない。なぜならあらゆる意識が同様のものであるわけではないからである。「神にかたどって創られた」人間は、知性の賜物を持っている。知性ということは客観性ということであり、そのことは、――哲学的なものであれ道徳的なものであれ――人間の根本的主観性という主張は純然たる矛盾であるということを含意する。なぜなら、客観性を持たない人は誰であれ、いかなることも、彼が主観的であるということさえも、確かめることができないからである。[1] 客観性を与えられた人間は、まさにその事実によって、自分を他者であるかのように見る能力を有している。他の人々が美徳を有しているということをわれわれが認めなければならないとすれば――そして謙遜は、われわれにそうすることを要求する――われわれは、われわれ自身がそれらを有する可能性を否定することはできない。もし、逆に、われわれにはいかなる善の能力もないと敬虔に信じなければならないのであれば、他の人々に関してもそのように信じなければならないだろう。いずれにしても、謙遜な人は、美徳を個人的に自分自身に帰属させることに執着しない。彼は美徳そのもののために美徳に愛着を持つ。それを所有するためではなく、それが美しいために。そして美しいゆえに、それは必然的に至高善に属するのである。

次のように問われるかもしれない。「知性は高慢に等しい」という等式は、何にもとづいているのか？　もしそれが、純粋に思考的な――「心臓的」あるいは「直観的」でない――知性は、独裁的なルシファー主義の世俗的誘惑に屈服する危険があるということを意味するならば、その等式は*4

正しいだろう。しかし、このことを明確化せずに、知性がそれ自体で高慢であるという印象を与えるならば、それは間違っている。そのようなことは語義矛盾である。問題にしている等式は、信仰に対して敵対的な合理主義に対する防衛戦を遂行する役割を果たしていることは疑いない。それは酌量すべき事情であるが、正当化ではない。

道徳的美質の問題に戻ろう。あらゆる美徳は定義によって至福を含んでいるがゆえに、最も取るに足らない人間でさえも清い良心を享受せざるを得ない――何らかの非現実的な、しかしおそらくは効果のある神秘的熱意によって、自らからそれを奪い取らない限りは。また彼はアプリオリに次のことを知らざるを得ない。神がわれわれに授けられたものをわれわれは必然的に相対的な仕方で有しており、神のみがそれらを絶対的な仕方で有しているということを。なぜなら、神がそれをわれわれに授けられた――われわれ自身のレベルにおいて実際にそれを所有できるように――がゆえに、ある価値がわれわれに属しているとしても、それにもかかわらずそれは全面的に神に属するものだからである。なぜなら、いかなる価値も、至高善の外にあることはできないからである。人間は、聖域に入って行くように美徳の中に入って行くのだと言うことができよう。そして美徳は、それを自分自身のために要求する高慢な者を排斥するのである。

さらに言えば、謙遜かつ知的な人間は、彼は美徳を有しているということを十分に頻繁に感じるけれども、同時に彼は神の計らいなしでやっていくことはできないということを知っている。そして、地上の人間としてのわれわれの状況はわれわれの美質のあまりにも不安定な意識に安らぐことをわれわれに許さないということを常に知っている。なぜなら常に、絶対なるものと相対なるものの区別があり、そしてそれゆえ平衡感覚があるからである。知的な人間はこれらの霊の働きを逃れることはできない。

厳密に言えば、人間はあれこれの美徳を「獲得」しようと望んではならず、あれこれの悪徳を滅ぼすことを望まなければならない。美質を実現することは、それに反する欠点を破壊することである。原初的なものは正常なものであり、原初的なものが堕落と退廃に先行するという事実を考慮するならば。この真理は以下の考察へとわれわれを導く。きわめて知的になろうという虚栄的な野心を抱いている人々がいる。そしてこのことが彼らをさらに愚かにするのである。もし彼らが、自らの限界——それに対して天が彼らを責めることはありえない——を認める良識と謙遜を持ち、健全でそれゆえ知的な諸原理に自らを慎み深く立脚させるならば、彼らのケースは望みのないものではないだろう。鏡は装飾を必要としない。それが必要とするのは清さである。ここで言う装飾とは、個人主義的で完璧主義的な「理想」を意味し、一方清さとは、現実的なものの要求である。そして、鏡のように、われわれの意図は、形式の点に関してのみならず本質と効果の点に関して、その対象にふさわしいものでなければならない。確かに、知性は一つの美徳ではなく、道徳の外にある美質、あるいはより正確には能力である。しかしながらこの区別は、われわれがここで問題にしている観点からは何ら違いをもたらさない。知性は、それがその最内奥の本性である「客観性」に、そしてそれゆえ離脱と公平性に忠実である限りにおいて美徳と密接に結び付けられているゆえになおのことそうである。全面的に客観的であることは少し死ぬことである。

ある形而上学的な意味においては、われわれの欠点だけがわれわれに属する。われわれの美質は神に、善そのものに属する。悪徳を滅ぼすことによって、われわれは神の美質がわれわれの霊魂に浸透するのを許す。別の観点からは――先に述べたように――美徳の中に入るのはわれわれである。明白に、美徳の功徳は「私は美徳である」と信じている人間から逃げていく。美徳を意識することと、この意識に自己満足することは別のことである。

次のように表現することもできよう。あらゆる人は、屋外の明るい新鮮な空気のうちにいることを好む。暗く、空気のない塔の中に閉じ込められることを誰も望みはしない。そしてそのように人は美徳を愛し、悪徳を嫌悪するべきなのである。光と空気を享受する人は誰も「私は太陽だ」とか「私は空だ」とか主張しようとは考えない。明るく空気に満ちた環境を人は愛し、そしてそのゆえに人はその中に入るのである。そしてそのようにして人は美徳のうちに入るべきなのである。なぜならそれらはその本性によって自明なものであり、人はそれらの環境を愛するのであるから。

欠点を非難された高慢な人間は、その欠点を否認するか、さもなくばその欠点に対する責任を場合によっては受け入れつつ、それを最小化する。冷笑的な個人主義によって「だけど私はそういう風に作られた人間なんだ」と言いながら。これは根本的に悪魔的な態度である。なぜなら神のみが「私は有る者である。」*5 と言う権利を持っているからである。高慢な人間は自分の欠点を否定するか、さもなくばそれを誇る。この態度の帰結として、彼は他人の欠点を誇張する。彼は、彼自身の諸々の欠点を他者に投影しさえする――この場合はそれらを最小化することなく――それらの欠点の最も微かな痕跡さえ有していない人々も含めて。そして、とりわけそのような人々に対して、一種の復讐として、彼はそのような投影をなすのである。

謙遜な人は、全く逆に、自分は欠点を持つ権利があるとは信じない。彼は自分が興味深く愛すべき欠点を持っているとは信じていないがゆえになおのことそうである。謙遜な人は、暗く空気のない塔の中の王であるよりも、光と新鮮な空気の中で乞食であることを望む。そして彼は、闇が光だとか、彼自身が光だとか主張しようとは夢にも思わない。もちろん高慢な人間も生来の美質をもっていることがあるだろうが、それらの故に人は高慢を赦すべきではない。なぜなら人間は、神にとって受け入れられないものを愛する権利を持っていないからである。

欠点を克服するために、人は自分が持てるもの全てを、そして自分の全てを用いなければならない。すなわち知性、意志、感情を。この最後の言葉で、われわれは愛する能力を意味する。それはまた嫌悪する能力をも含意する。美の感覚は必然的に醜の感覚を含意する。なぜなら、われわれは対照の世界、あるいは対照的顕現の世界の中に生きているからである。同様に、軽蔑する能力がなければ尊敬することはできない。(2) あらゆる差異を超越し、諸現象をその単なる存在の点に関してのみ、神的顕現あるいはマーヤーとしての性質に関してのみ考慮する形而上学的あるいは神秘的観点というものがあることは確かであるが、この観点はあらゆる状況において正当に適用されるわけではない。人は、それぞれのものを然るべき場所に置くことを知らなければならない。

知性は、諸々の美徳の宇宙的意義を、そしてまたそれらの人間的必要性——個人的なそして社会的な——をわれわれに教える。それは諸美徳の明白な価値をわれわれに示し、同時に悪徳の不条理をわれわれに示す。感情——感受する魂——は、美を通してわれわれを説得する。意志について言えば、それはわれわれの美の感覚と真なるものの理解を実践へと移す。このことは、人は欠点を克服するために、まず第一に、その性質を理解しなければならないということ、第二に、その結果としてそれを嫌悪しなければならないということ、第三に、この理解と態度を実践へと移さなければならないということを意味する。そして、欠点の本性を理解することは、何よりも、それを否定する美徳の性質を理解することである。同様に、悪への嫌悪は、それが排斥する善およびこの善への愛に対する関係においてのみ考え得る。意志に両翼を与えるのは認識と愛である。何かを欲することはそう難しいことではない。われわれがその自明性と必要性を理解し、それに加えてわれわれがそれを愛し、その帰結として、その不在あるいは反対物を嫌悪するならば。

もしわれわれが実際に聖人であるならば、それは天にとって喜ばしいことであろう。なぜなら、天はわれわれの霊的幸福に関心を持っているからである。しかし、われわれの個人主義的で完全主義的な聖性への欲望は、天にとって何ら関心事ではない。われわれは、われわれをある欠点から解放してくださるように神に祈り求めてもよい。われわれをそれから解放することを助けるであろうことを何も怠らないという条件のもとに。しかしわれわれは、われわれを完全にするように神に要求してはならない。人は、自らを美質で飾るためにではなく、世界から欠点を取り除くために、欠点を克服するべきである。完全であろうとする望みは論理を欠いているわけではもちろんないが、不完全でないようになろうという望みがより現実的でより具体的であり、またより慎み深いものである。

天の助けなしでは何事もなしえない。そして天はわれわれに考え、意志し、行い、愛する能力を与えた。肉が霊となることができるように、霊は肉となったのである。

情念と高慢

堕落した人間の本性には二つの欠点、そして霊的に言って二つの障害がある。一方には情念があり、それは人を自分自身の外へ引き出し同時に彼を圧縮する。もう一方には高慢があり、それは人を自分自身のうちに閉じ込め同時に彼を拡散する。情念は執着によって、高慢は野心によって自らを露にする。野心が霊的なものであったとしても、それはなお世俗的なものであろう。野心という言葉に——時々なされるように——転位した中性的な意味を与えない限りは。同様に、もし人が情念という言葉で、それ自体は中性的で潜在的な価値を持っている力のことを理解するのであれば、人は明白に、聖なる情念について、あるいは対象によって聖なるものとされた情念について語ることができよう。しかしわれわれがここで欠点や障害について語るときに問題にしているのは、この中性的なエネルギーの改心ではもちろんない。このことに関連して次のことを指摘しておかねばならない。それは、高慢はこのような改心を容れる余地がないということである。高慢は破壊されるか解消されるしかない。破壊という言葉は個別的なあるいは悔悟的な禁欲に関わり、解消という言葉は「心を溶かす」ことができる愛の錬金術――固さの程度や様態に応じて――に関わっている。確かに場合によっては「正当な自尊心」について語ることは可能である。しかしこれは、悪徳や罪には何の関わりもない無害な領域に位置づけられるものである。

ここで理解されるべき意味での情念とは、神よりも世を好むことである。高慢とは、神よりも自分自身を好むこと、あるいは形而上学的に言えば、内在する自己よりも感覚的意識を好むことである。あるいはある聖人のことばを敷衍して言えば、情念とは神から逃げることであり、高慢は神に反逆して立ち上がることである。結局のところ次のように言うことができよう。何等かの物という形において、真理や善よりも世を好むことが情念であり、何等かの虚飾という形において、真理や善よりも自分自身を好むことが高慢である。なぜなら真理あるいは善とは、神の痕跡であり、神を表現しているからである。

情念は執着によってのみならず、強欲によって、より有害な仕方で自らを露にする。高慢は野心によって自らを露にするのみならず、それが頑固さという形を取るとき、更に非道なものとなる。そしてこのことは、二つの悪徳は必然的に相互に混じり合うということを明らかにする。頑固な情念は高慢抜きには有り得ず、飽くことなき高慢は情念なしには有り得ない。いかなる高慢もない人にはいかなる情念もないであろうし、全く情念のない人には高慢もないであろう。

高慢な人はあらゆる徳をもっているかも知れない。いくらかの謙遜さえも有しているかも知れない。しかし、彼はそれを不当にも自分自身の人格に帰属せしめ、それを神から切り離すのである。

そしてそのことによって、それらの徳のあらゆる内在的価値と深遠な有効性とを取り去ってしまうのである。このことは次のことを意味する。すなわち、高慢な人間の美徳は言わばその内容を欠いたものであるということである。謙遜な人についていえば、彼は美徳が貸与によって彼に属しているということを良く分かっている。光がある意味ではそれを反射する水に属しているように。しかし彼は、水が光の源泉ではないように彼自身は美徳の作者ではないということ、最高の美徳も神から離れては無であることを決して忘れない。逆に言えば、人が美徳を神から切り離しそれを自らのものにしようとしても、それらが保持する価値はいかなるものであれ、なお神に帰属しているのである。

ある人は謙遜への真摯な望みを――それゆえ自分自身に対する客観性への望みを――持っており、そのことによってある種の様態の真の謙遜を実現しているが、しかし同時に、たとえそれがふさわしいものあるいは無害なものであるとしてもいかなる侮辱にも耐えられないという場合がある。この場合は、彼の謙遜は高慢の要素によって多かれ少なかれ弱められてしまっており、その高慢は、他の人々を侮辱する一種の性向という形で露になるであろう。たとえそれが、彼らに対する過小評価であるとか、何等かの好意的解釈を許容する要素を彼らに不利に解釈するというだけのことであったとしても。謙遜と高慢の混合が存在し得るということは、高慢は情念と同様にさまざまな段階を含んでいるということを証明する。事実、ある人の実体そのものである悪徳と偶有的なものにすぎないそれとを区別する必要がある。偶有的なものは治癒され得るが、実体的なものはそうではない。

高慢の基準——おそらく単に偶有的なものであって根本的なものではない高慢の——とは、いかなる侮辱をも我慢せず一方で他の人々にそれを加えるという性向である、ということをわれわれは今見てきた。正しい態度は、侮辱がもし真理を表現しているならばそれに反発しないこと、われわれの真の尊厳に関わらない限り、——それは、神が創造の行為によってわれわれに与えたものであり、彼自身の尊厳の延長でもある——侮辱を進んで受け入れることである。「神の像」としてのわれわれの尊厳を、高慢ほど傷つけるものはない。なぜならそれはわれわれの尊厳の神的実質からわれわれを切り離すからである。ある種の禁欲的感情的な観点からは、どんな侮辱も不相応ではありえないということをわれわれは良く分かっているが、それは方法の問題であって規範の問題ではない。われわれの観点は事物の本性に基づくものであって意志主義的で感情的な自動作用に基づくものではない。

他の人々を貶すことを避けることによって謙遜であるように見えるけれども、それにもかかわらず一方で自分は大した人物だと悦に入っている高慢な人々がいる。また逆に、自分自身の価値を低く見せるために謙遜であるように見えるけれども、それにもかかわらず一方で他の人々を過小評価する高慢な人々がいる。あるいはまた、神の前で、霊的師匠の前で、この世の貴顕の前で謙遜であるように見えるために謙遜であると考えられているけれども、彼らの同輩に対しては全く謙遜ではない人々がいる。このことはまさしく、彼らが彼らの上長に対しても神に対しても真に謙遜なのではないということを証明する。

執着、自我中心性、強欲は情念に属する。野心、衒い、頑なさは高慢に属する。二つの悪徳、情念と高慢は、愚かさと悪意を共有していることもある。あらゆる悪徳は間接的な共犯関係のうちにあるという事実を別にしても。

一般的な意見が、高慢を愚かさと結びつける傾向があるのは理由のないことではない。実際、人は虚栄によって愚かになり得るように愚かさによって虚栄的になることがあり得る。二つは共に進むのである。もちろん、知性の欠如が必然的に虚栄へと導くわけではないが、虚栄は知性を損なうことを避けることができないのである。そして、一般に認められているように、愚かさとは本質的なことと二次的なことを区別できないこと、あるいは原因と結果を区別できないことであるとすれば、それはまさしくその理由によって、ある程度の高慢を含んでいる。完全な謙遜および完全な離脱と結びついた愚かさというものは、最早愚かさではなく心の単純性であり、それは知的で有徳な人を煩わせることはありえない。

虚栄と密接に関連しているのは自己満足であり、虚栄が能動的であるのに対してそれは受動的であるという違いがある。自己満足した人間とは、十分な理由と完全な謙遜をもって、彼の知っていることやなしていることの価値を意識している人のことではなく、彼自身の想像上の価値に満悦し、それを彼の乏しい知識や凡庸な活動に投影している人間のことである。謙遜さの方は、いかなる点でも権威に反することはなく、またそのようなものであることはできない。なぜなら権威は肯定的な美質だからである。謙遜は慎みではない。こう言うことでわれわれが意味しているのは、権威は慎みを排除する一方でそれにもかかわらず謙遜を含んでいるということである。あらゆる謙遜主義——往々にして自動的で誇張的な、しかしそれに対応する心理的次元においては不可避的であり有効な——を別にすれば、謙遜とは、個人的な肯定へのあらゆる欲望の不在を伴った、われわれの現実の、そして想像的でない、さまざまな側面における卑小さの意識である。慎みとは、逆に、われわれの存在論的限定性や人間的不完全性の意識ではなく、単にわれわれの無資格性あるいは場合によっては無能力性の意識である。このように一方では慎みは謙遜に似ているが他方ではそれと異なっている。そしてこのことは、慎み深い人は必然的に謙遜であるが、謙遜な人は必ずしも慎み深いとは限らない、と言うことによって説明され得るだろう。

人間的に言えば、情念と美の間にはある種の事実上の関係がある。高慢と知性の間にも同様に。堕落した人間にとって美と知性は両刃の剣となっているのであり、そのことは、それらが道徳主義者の手によって神学の次元においてさえしばしば被る排斥運動を説明する。しかしながら、秘教においては、知性と美はそれらの真の地位と価値へと完全に復元される。なぜなら定義上、秘教は事物それ自体を考慮するのであって、何らかの下位の次元におけるその都合を考慮するのではないからである。ある人々にとっては誘惑であり滅びの原因となり得るものが、他のある人々にとっては神への招きになり得るということを、秘教は常に認識してきた。ここに、諸現象の形而上学的透明性の神秘の全てがある。

人間本性の弱さ、あるいは場合によっては、この弱さの捕えがたい要素を別にすると、事柄の真理は単純である。知性と美は本来的に肯定的なものなのである。しかし外来的にそして実践的には、それらは次のような明示された条件においてのみ肯定的で善いものなのである。すなわち、主観的には、それらが神から分離されていないこと、客観的には、それらが神から離れたものとして、そして最終的には神に反するものとして見られる——まさに古代ギリシアとルネサンスにおいて、思想と芸術の二重の側面においてそうだったように——ことがないという条件のもとにおいて。

情念にとっては、この世の事物はある仕方で絶対的なものとして現れる。高慢にとっては、この外観をとるのは自我である。さて、これは神の概念のみならず瞑想の実践およびそれに属する認識ともなおのこと明白に相容れない。人間の堕落した本性に対する偶像崇拝と自我愛を、無限へと集中する実践——超越性と同様に内在性にも関わる——と結びつけることは、確かにあらゆる偽善の中で最も甚だしいものであり、あらゆる愚行の中で最も致命的なものである。

われわれのこれまでの考察のほぼ全てから以下のことが帰結する。われわれの観点は、個人や感情的意志主義の観点ではない。それは、不快なものだけが人を神へと導くとする悔悟主義とも、あらゆる人は自分を最悪の罪人だと考えるべきだとする謙遜主義とも一致しない。情念や執着について語る場合、われわれは、あらゆる人が経験し得る、ある種の事物への自然な愛着のことを意味しない。それはいかなる点でも相対性の感覚に、あるいは霊の静謐に、あるいは一般的に離脱に反するものではない。われわれが念頭に置いているのは専ら、神への愛を損なうほどに相対的な事物に絶対的な価値を置く情念的執着である。そして、高慢、野心、虚栄について語る時、われわれは、自然な自尊心、あるいは最も客観的な人が自分自身の価値について持ち得る意識、あるいは尊厳や名誉の感覚を意味しない。これらのものはいかなる点においても、われわれの形而上学的無性の意識や他者に対する関係における真の謙遜に反するものではない。われわれが念頭に置いているのは専ら、自分自身への過大評価であり、それは不可避的に他者の過小評価を伴い、まさしくそのために神の前での真摯な自我滅却を不可能にする。高慢とは「命を保とう」[*1]とする欲望であり、「死ぬ前に死ぬ」[*2]ことの拒絶である。

心理学的にあるいは道徳的に言えば、その悪徳の程度がどのようなものであろうとも、高慢な人とそうでない人との間には区別が存在する。意志主義的で感情的な神秘主義においては、人は逆に、あらゆる人間は高慢なのだと主張するだろう。それは一方においては間違っている。――なぜなら、その場合、高慢という言葉は事実上意味を失うだろうから。――しかし、それにもかかわらず他方においては、あらゆる人間の内に見出される高慢の潜在的可能性に関する限りでは正しい。それは、たとえ最も軽微な程度においてであれ、状況によっては現実化されうる。神秘的意志主義は、効果のないあらゆる細部を捨象しようとする。しかしながら、霊的知性は真理によって働くのであって熱意によって働くのではない。それゆえ、それが用いる処方は有用で平均的な近似ではなく、病の正確な知識なのである。覚知者――言葉の原義におけるそれであって異端分派的意味のそれではない――は、次のように問うことはない。「意志と感情のどのような態度が、最も高慢に反するか?」むしろ次のように問う。「この特定の場合において、事物の本性は何か、そしてその結果として、高慢がその否定あるいは欠如であるような、霊と魂の肯定的態度は何か?」第一に、霊の態度。すなわち、絶対と相対の区別、そして相対的なものの中における本質的なものと副次的なものの区別。この区別は、事実それ自体によって、絶対と本質の聖化的合一的観照をもたらす。次に、それ自身この区別によって、あるいは比例と均衡の感覚によって支配された魂の態度。すなわち、一方においては自我滅却、そして他方においては寛大さ。なぜなら、全ての根本的な美徳はこれら二つの美質に含まれているからである。

第一に、神に対する自我滅却、そして、この垂直的美質の帰結として、世界に対する自我滅却、それゆえ水平的な次元における美質。あらゆる美徳と功徳は神から来る。われわれは単にそれを反射する表面にすぎない。聡明で有徳な人は、いかなる仕方においても、いかなる点においても、彼の個人的美質を神の完全性――存在する唯一の完全性――に付け加えることはできないということを、そしてそれゆえ神の前では彼は一介の貧者にすぎないということを意識しており、人々に対しても自分を誇ろうとは望まない。別の言葉で言えば、彼は彼の人格そのものを誇示したりあるいは提示したりしようとは考えない。彼は彼の役割を果たし、義務を行うだろう。彼は王であるかもしれないが、彼が主張するのは彼の個人的人格ではない。たとえ彼の役割が執行者そして象徴としての彼の人格を提示することを義務付けるとしても。王達や教皇達は、非人格的な仕方で、そして神の前での謙遜のうちに、彼らにふさわしい名誉を受け取るのである。謙遜な人は、「私」であるという事実からいかなる喜びも、いかなる野心も引き出さない。そして「他の人々」に対していかなる偏見も抱かない。

そして同様のことは寛大さについても言える。それはまず第一に神に対して、次に人々に対して実践されなければならない。隣人に対する関係における寛大とは何であるかは誰もが知っている。しかし神に対する寛大とは何か？　それは、観照において自分自身を贈与することであり、――そしてこのことが可能である限りにおいて――われわれの心の深みにおける神的生命の中での自我滅却である。

人間にとって重要であり、彼の究極的運命を決するものは、彼の霊的認識、信仰、性格と行いである。さて、高貴な性格の礎とはまさに自我滅却と寛大さである。自我滅却あるいは貧しさは、離脱、真面目さ、忍耐、満足を含意する。そして寛大さあるいは雅量は、神の内における熱意、堅忍、信頼と喜びを含意する。

情念と高慢はアプリオリに欠点そして障害となる。最も高度な霊的希求と混ぜ合わされると、それらは極めて忌わしいものになる。このことは常に知られてきているとわれわれは言われるだろう。なぜならそれは自明だから。そうかも知れない。しかし、これまで知られなかったことがないことが、同時に、人が学ぶことが最も困難なことであるように思われるのである。

試練と幸福

悪は世界において不可避であるゆえに、人の運命においても不可避である。われわれを取り巻く客観的現実の経綸において必然的なものであり、主体＝目撃者の経験においてもそれに劣らず必然的なものである。世界の不完全性は人生の試練と対をなしている。

まず第一に、人が経験せねばならない苦痛な経験がなぜ「試練」と呼ばれるのか、という問いに答えなければならない。われわれは次のように答えよう。これらの経験は、われわれの信仰に対する関係において試練なのである。このことは、悩ましいあるいは苦痛な経験に関して、われわれは人間的使命から帰結する義務を負っているということを示唆する。別の言葉で言えば、われわれはわれわれの信仰を神に対して、そして自分自身に対して証明せねばならないのである。神に対して、われわれの知性によって、絶対の感覚、それゆえ相対性の感覚と調和の感覚によって。自分自身に対して、われわれの性格によって、運命の甘受によって、感謝によって。悪あるいはより正確には苦しみが魂に残した痕を克服するには二つの方法がある。第一には至高善の意識であり、この意識がわれわれに浸透する限りにおいてそれはわれわれの希望と一致する。そして第二に、宗教的言語において「神の御旨」と呼ばれるものを受け入れることである。そして確かに、ある運命を、他のいかなる理由の故にでもなくそれが神の意志であるという理由の故に受け入れることは、自分自身に対する偉大な勝利である。

人生は瞬間の連鎖であり、われわれは各瞬間において神の意志に対して「然り」と言うことができる──そしてそうせねばならない──のである。すなわち、まさにこの瞬間において神がわれわれに望まれることに対して。確かに、このことはわれわれが外的世界において直面せねばならない諸々の悪からわれわれを解放するわけではないが、これらの悪に対するわれわれの情念的反応からわれわれを解放するのである。知らず知らずのうちに、あるいはそう意志することなく、これらの反応──悲嘆や絶望さえも含む──は神の決定に対する反逆となり、それが極めてしばしば、神がわれわれを苦境からなかなか救わない理由なのである。ここにおける誤りは、一方においては、世界がそうであるところのもの以外のものであることを望むことであり、他方においては、われわれに起こっていることがわれわれの運命でなかったことを望むことである。

黄金律は、第一に、不可避的なことにおいて顕現される神の意志を受け入れることである。もちろん、正当にそうすることができる場合には、避けうる悪を避ける自由がわれわれにはあるし、場合によってはそうする義務さえある。第二に、われわれがなし得るしなさなければならないことを平静になしとげつつ、神の正義と善性に信頼し、われわれの懸念を神の手に委ねることである。なぜなら「天は自ら助くる者を助く」からである。

試練は必ずしも懲罰であるとは限らず、恵みでもあり得る。そして一方は他方を排除しない。あらゆる場合において、試練そのものはわれわれがどのようなものであるかを試すだけではなく、われわれがそうでないものからわれわれを清めるのである。

しかしまた聖なる感謝というものがある。この言葉によってわれわれは、われわれが生きることを可能にし、単なる習慣によってわれわれが忘れてしまっている神の恵みに対するわれわれの意識を意味する。感謝――小さなことでさえもありがたく思う能力――は、寛大さと同様に、霊魂の高貴さの一部を形作る。どちらの美徳も、信仰と共に、運命がわれわれに課する重荷をわれわれが担うのを助ける。信仰と雅量をもって重荷を担う時、神はわれわれがそれを担うのを助ける。

われわれは周囲の世界によって催眠術をかけられないよう用心しなければならない。この世界は、無数の危険に晒されているというわれわれの感覚を強化する。それは、人が二つの深淵の間の狭い道を歩いているようなものである。いずれかの側を覗くと、平衡を失う危険を冒す。逆に、人は真っ直ぐ前を見て、世界は世界であるがままに放置しておかなければならない。われわれの人生の全目的はわれわれの前にある。そしてそれが、犂に手をかけたら後ろを振り向くな、という命令の意味の一つなのである[*1]。神の方を見つめることが必要である。神に対する関係において世界のあらゆる深淵は無である。

われわれの信仰と道徳的完全性に関わる人生の試練とは別に、われわれのより高度な霊的資質に関わる儀礼的・イニシエーション的な試練というものが存在する。それらはエジプトやギリシア・ローマの古代密儀、そして下ってはキリスト教的ヨーロッパの職人のイニシエーションにおいて見出される。まず一方では、これらは入門者が自らのうちにおいて克服するように求められる宇宙的幻影のさまざまな側面を表現する象徴的な行為である。また一方では、これらは入門者のうちに彼の資質――自我克服への――の有無を試すべく反作用を引き起こすことを意図した「試金石」である。イニシエーションの道は、定義上、不均衡や堕落を惹き起こす危険性を伴う修業を目指すものであり、それゆえ要求される条件を満たしていない者がそれにかかわることを防止することが必要なのである。しかしこのことは、これらの儀礼的試練がイニシエーションやそれに対応する方法のあるところにはどこにでも見出されるということを意味しない。なぜならわれわれの能力を試す手段、あるいは必要とあれば心理的衝撃を和らげる手段というものは他にあるからである。これらの手段はとりわけ道徳的領域のものであり、一方古代密儀や職人の密儀においてはそれらはむしろ言わば「錬金術的」領域のものである。

最も重要あるいは特徴的なイニシエーション的試練はおそらく、「水による試練」と「火による試練」であろう。第一のものは、優しく魅惑的な幻影に、第二のものは恐ろしく破壊的な幻影に関わるもののように思われる。「セイレーンの歌[*2]」に対してのみならず「竜」に対しても立ち向かうことが必要なのである。二つの力はわれわれのうちに眠っており、われわれがそれらのレベルを越えようとするや否や目を覚ます。しかしそれらはまず、われわれがその一部であり個体的主観的な様態において体現しているところのものであるマクロコスモスのうちに存在しているのである。霊的な戦いにおいて、これら二つの幻影、外的なものと内的なものは、一緒になって障害を形成する。しかしまた、極めてしばしば女神によって――キリスト教においては聖母によって――表現される天的な幻影も存在する。天的幻影が介入することを可能にする手段を彼が取るか、あるいはそのための条件を満たすという条件のもとに、彼女は戦士を助けに来る。

幸福の第一の条件の一つは、幸せであると感じたいという表面的で習慣的な欲求を放棄することである。しかしこの放棄は無から生じることはありえない。それは意味を持たなければならず、そしてこの意味は上からしか、われわれの存在理由をなすものからしかもたらされ得ない。実際、あまりにも多くの人々にとって、人生の価値の判断基準は、第一に外的世界によって決定される受動的な幸福感である。この幸福感が起こらないか、あるいは消えていく時、――その原因は主観的なものでも客観的なものでもあり得る――彼らは驚き、「なぜ私は以前のように幸福ではないのか？」という疑問に取り憑かれたようになり、そして、幸福感を彼らに与えることができるであろう何かを待つことに取り憑かれたようになる。強調するまでもないが、このようなこと全ては完全に世俗的な態度であり、それゆえ最低限の霊的観点とも相容れない。地上的な幸福の中に包まれることは人間と天の間に隔壁を作ることであり、地上において人間は流謫の身にあるということを忘れることである。死の事実そのものがそのことを証明している。
幸福感への俗な期待あるいは、われわれの上方に限りなく静謐な空がないかのようにこの期待の内に自分自身を閉じ込める悪しき習慣に対する最初の答えは、至高善を思い起こすこと、あるいは別の言葉で言えば、その現実と至福の意識である。幸福に対するわれわれの「コンプレックス」の相対性や卑小さをわれわれに知覚させ、この俗な期待のうちに二つの根本的悪徳すなわち貪欲と偶像崇拝があることをわれわれに確認させるのはこの意識である。これら二つの悪徳はわれわれを神から引き離し、そしてその結果として、あらゆる幸福の源である至福そのものからわれわれを引き離す。

しかしまた別のこともある。先に述べた放棄に加えて、最も単純に「祈りの生活」と呼ばれ得るものが加えられるべきである。人は、世界がわれわれに提供すると見なされている快楽の受動的で自我愛的な享受においてではなく、霊的活動において、自己贈与において、幸福を見出すことができるようにならなければならない。「受け取るよりも与えることがより祝福されている」とキリストは語っている。(1)

しかしながら、肯定あるいは贈与の肯定的な態度による放棄の否定的態度の補完は、それだけでは霊的満足の錬金術を構成しない。われわれはまた、正当に幸福と呼ばれるものにより直接的に対応した霊魂の状態をも必要とするのであり、そしてこれは第一にそして極めて明白に神への愛である。すなわち、聖なるものの感覚や、神性の前での、あるいはその現存の特定の秘跡的表現の前での瞑想である。これは聖域内における瞑想的至福であり、そしてこの聖域はとりわけわれわれの心にある。なぜなら「神の国はあなた方の中にある」のだから。

霊的幸福のもう一つの軸——前者と相補的な——は、希望である。すなわち、われわれの神への確信と、この確信の真摯さから生ずる、われわれの救済に対する条件付きの確信である。絶対について真に確信を持つことはこの確信から実効的な帰結を引き出すことである。なぜなら、絶対はわれわれの全てを包みこんでいるからである。信仰は業を要請する。救済をもたらすのは業そのものではないが、それらは信仰の一部であり、そして信仰はわれわれの不死の霊魂を救いの慈悲へ向けて開く。諸々の行い——あるいは単に神学的意味における「業」とは、何よりもまず天との語らいである。この錬金術の道徳的後光は魂の美であり、それゆえまたそれを顕にする外的活動である。

幸福とは宗教と性格、信仰と美徳である。人間は自分自身の限界の中では幸福を見出すことはできない、というのが事実である。人間の本性そのものが、自分自身を乗り越えていくことを、そして自分自身を乗り越えることにおいて、自分自身を解放することを、人間に運命づけているのである。

「私は愛するがゆえに愛する[*3]」と聖ベルナルドゥスは語った[(2)]。この言葉は、われわれの幸福の最も高度な理由を示唆している。すなわち、——繰り返すが——至高善についてのわれわれの意識、そしてわれわれに知性と不死性を与えた方への揺らぐことのない愛着である。

しかし今引用した言葉には更なる意味がある。その最も深遠な意味は次の通りである。私は愛であるゆえに私は愛する。すなわちその言葉は内在と一致の神秘について言及している。「同一性」の神秘に、とさえわれわれは言おう。この観点からは、われわれの幸福はわれわれがそうであるものから生じる。そして、無知とエゴイズムのうちにわれわれがわれわれの真の存在だと勘違いしている殻を超えて、われわれが真に完全にわれわれ自身である限りにおいてわれわれは幸福なのである。自己自身を知ることは有るものを思い起こすことである。

総括と結論

二つの命題がヴェーダーンタ的思考を支配し要約する。「世界は虚偽でありブラフマンが真実である。」「汝はそれである。」[*1] すなわち、ブラフマンあるいはアートマンである。第一の命題においては超越の観点、第二の命題においては内在の観点。

二つの観念はそれぞれの側で、あるいはそれぞれの仕方で、一性の神秘を説明している。前者は唯一性を表現することによって、後者は全体性を表現することによって。一つの現実について語ることは、それが唯一であるとともに全体的であると言うことである。一性は絶対的現実の本質あるいは何性である。[*2] さて、われわれが絶対的現実を超越性の相のもとに、偶然的なものとの関係のうちに見るとき、それは唯一性として現れる。なぜならそれはそれでないもの全てを排除するからである。そしてわれわれがそれを内在性の相のもとに、その顕現との関係のうちに見るとき、それは全体性として現れる。なぜならそれはそれを顕現する全てのもの、それゆえ存在する全てのものを含んでいるからである。一方においては、われわれの認識に対して「対象」である原理はわれわれの「上」にあり、それは超越している。また一方では、自己は、われわれの客体的な存在に対する関係において「主体」であり、――なぜなら自己はわれわれの客体的な存在を「考え」あるいは「投影」するからであるが――われわれの「内に」あり、内在している。すなわち現象は、絶対的現実を覆い隠す「幻影」であるか、あるいは逆に――一方は他方を排除するものではないが――示唆的にして象徴的な言語によってそれを延長することによってそれを開示する「顕現」である。

確かに、超越性はアプリオリに客観的世界において自らを表し、一方、内在性はとりわけ主観的世界を決定する。しかしこれは、超越性が主観の世界にとって無縁であるとか、逆に、われわれを取り巻く客観的世界において、――われわれの外的な側面においてわれわれはその世界に属している――いかなる内在性もないということではない。実に、内在性は客観的な現象に関わる――それらが、存在を与える神的現存を「含んでいる」という事実によって。さもなければそれらは一瞬たりとも存続し得ないであろうから。逆にまた同様に、超越性は主観的ミクロコスモスに関わる――神的自己、あらゆる主観性の本質は、自我に対する関係において極めて明白に超越しているという意味において。

超越の神秘はある意味で絶対に関わり、内在の神秘は無限に関わると言っても決して無理ではなかろう。なぜなら厳格性、非連続性、あるいは分離性の要素は議論の余地なくこれら二つの根本的な神的側面のうちの前者に関わるものであり、一方、優しさ、連続性あるいは一性は後者に関わるものであるから。

超越性の観点は、現象の習慣的な評価において、現実性の諸次元あるいは価値の階層を見失わないことをわれわれに要求する。別の言葉で言えば、それは、われわれの精神が原理の卓越性の意識によって浸透されていることを要求する。そしてこれが最終的に、知性の定義なのである。類比的な仕方で、内在性の観点は、われわれの超個人的な主観性との接触を失わないことをわれわれに要求する。超個人的な主観性、それは純粋知性であり、神的自己へと通じている。そしてまたそれは、事実自体によって、現象のうちにいくばくかの自己を見ることをわれわれに要求する。逆に超越性の観点が、原理と顕現の間、神と世界の間のみならず、内在する自己と自我の間の共約不可能性*3を意識することをわれわれに要求するように。

超越的原理が顕現を越え、消去し、排除し、無化するとすれば、内在する自己は逆に自我を引き付け、自我に浸透し、自我を再統合する。特定の自我ではなく自我そのものを。すなわち、十分な仕方で自らを自我実体に一体化せしめることに成功した限りにおける自我偶有を。自我実体、それはすなわち「内なる人」であり、純粋知性によって生き、幻想の独裁から解放されている。

「類型論的」親近性と呼び得るものを考慮に入れると、超越性の観点は――それはまず宇宙の「客観的な」ヴィジョンと一致する――思弁的識別と、その力によって、ある種の知的観照とを含意している。対照的に、実践的精神集中とそしてそれとともに「心の」あるいは神秘的同化は、内在の観点あるいは「主観的」実現に主に関わっている。それに次のことを付け加えよう。集中はまず意志に関わり、一方識別は知性に属する。二つの能力はそれぞれの仕方で人間の全てを要約する。

識別と観照。類比によってわれわれはまた次のように言うことができよう。確実性と静謐。何よりもまず、思考の確実性と精神の静謐、しかしまた、心の確実性と静謐。[*4] それゆえそれは、超越的なものの知的直観のみならず内在的なものの神秘的実現からも、もたらされるものである。心のうちに実現された確実性と静謐はそれぞれ合一せしめる信仰と観照的寂滅的精神集中となる。(1) 神における神による命と平和、そしてそれゆえ、神との合一。

超越性と原理を指向する客観的観点は必然的に、内在と自己を指向する主観的観点へと導く。なぜなら、認識される対象の唯一性は認識する主体の全体性を要求するからである。自らの全てによらなければ、それのみが有るものを知ることはできない。そしてこのことは、霊性は、その深遠さと真正性の範囲において、何物をもその外に残しえないという事実を明らかにし証明する。それは真理を含んでいるのみならず、美徳を、そしてその延長によって芸術[*5]を含んでいるのである。一言で言えば、人間の全てを。

Vincit omnia veritas.（真理は全てに勝つ。）これに次のように付け加えるべきだろう。Vincit omnia sanctitas.（聖性は全てに勝つ。）真理と聖性。あらゆる価値はこの二つの言葉の中にある。われわれが愛さねばならぬ全て、われわれがならねばならぬ全てが。

原註

序論――認識論的前提

(1)おそらくここでは補足説明が必要であろう。その明白性にもかかわらず。人は善意の人を、たとえ彼が醜いとしても愛する。しかしそれは明らかに彼の内面の美の故である。外見上の醜さは一時的なものであるのに対して、この内面の美は不滅のものである。それにもかかわらず次のことは忘れられてはならない。外面的な美は、内面的な醜さと結びついた場合においてさえ、美そのものを証するのである。美そのものは天上的な本性のものので、そのいかなる顕現においても軽蔑されてはならない。多くの禁欲主義者による肉体的な美への非難は、人間の弱さに関しては有用なものでありうるが、より深遠な観点から見れば、やはり不適切で不敬なものなのである。

(2)近代主義的神学者達の一部は、神が有るということを進んで認めるが――彼らはそうするための幾つかの理由を見出す――そのことを「確定的な」仕方ではなく「暫定的な」仕方で正当化しようとする。一方で彼らはスコラ学者達の明確な諸定式はもちろん拒絶するのである。この次元においては、真理は明確であるか、あるいは真理ではないかのいずれかであるのに。今われわれに真理を提供することができない認識の様態は、今後も決してわれわれに真理を提供することはない。

(3)主観性そのものは必然的有に参与している。なぜなら絶対は純粋な意識だからである。主観性の相対性そしてそれゆえ顕現と多様性は、無限から帰結する神的放射の力によってやはり必然的なものである。これは、ある特定の主観は一つの可能性であるということであり、その原理は絶対に属し、その特定性は相対性あるいは偶然性に属する。しかし、「私」であるのはなぜ「私」なのか、と問うことは馬鹿げており、論理はそのことによっていささかも毀損されることはない。

(4)例として以下の矛盾に言及しておこう。聖書によれば、神はエノクを彼のもとに取り上げられた。*1 そしてエリヤは火の戦車に乗って天に昇った。*2 しかし、カトリックの信条によれば、キリストは彼以前に生きた全ての人々を天へと上げるため「黄泉に下った」。それらの人々にはエノクとエリヤも含まれており、彼らもその時「下に」いたのである。神が彼らを「上に」置いたにもかかわらず。この全ては、神的ロゴスによらなければ誰も救われないということを表現するためのものである。しかしこのロゴスは、現実には非時間的なものであるから、それは歴史に依存することなく作用する。そしてそのことはもちろん、ロゴスが人間的形態をとって自らを顕現することを、それゆえ歴史の中に顕現することを妨げることはない。このことに関連して、教会教父達は「アブラハムのふところ」*3について語る時、慎重に次のように付け加えていたことを指摘しておこう。「この言葉によって理解されるものが何であれ」。

(5)教会がこの逸脱を教義的そして道徳的領域においてのみ見出すというのは非常に奇妙なことである。この盲目性には、「躓きは必ず起こる」*4という意味において何か摂理的なものがある。

(6)われわれはここで教義について、それゆえ概念化について語っているのであって、神秘についてではない。あらゆる神秘的経験が言語に翻訳され得るわけではないことは言うまでもないが、単なる経験を特に教義的な論拠にすることを夢想する真の神秘家もいないであろう。さもなければ教義は無駄なものとなり、言語も同様となろう。

完全な形而上学の概要

(1)この機会に次のことを指摘しておく。クルアーンがキリスト教に帰している三位一体——父と子と聖母——*5は、それ自身の仕方で全く論理的なものであり、われわれが今説明したことに対応している。本来のキリスト教の三位一体に関して言えば、聖霊は、聖母と同様に、神的愛の神秘を表現している。

神的領域の諸次元、諸様態、諸段階

（1）自然の領域においてさえ、肯定的あるいは質的に卓越した事物はつねに全体的である。完全な美は貧しいものではありえない。それは定義によって一つの総合であり、その限りなさと落着きの側面はそこから来る。

（2）原理的そして類比的に言って、マーヤーは「空間的」であるのみならず「時間的」でもある。広がりと位階秩序のみならず、変化と律動もある。すなわち、諸世界と諸周期がある。

（3）ヴェーダーンタの三幅対サット（「純粋有」）、チット（「意識」）、アーナンダ（「至福」）について言及するならば、「力」の側面は「純粋有」の側面に由来するということを心にとめておく必要がある。物理学では、「エネルギー」は「質量」と結びついている、と言うだろう。天体における引力がその大きさまたは密度に比例しているのはこのことの証明である。

（4）神的行為の人間的「獲得」（カスブ）というアシュアリー理論が位置しているのはここである。行為するのは神のみである。なぜなら神のみがその能力を持つからである。われわれの行為を「創造する」のは神であるが、それを「得る」（ナクシブーン）のはわれわれである。

（5）このことは「多神教徒」によって良く理解されている。

（6）とりわけ「隠された」（ガイブ）ものについての言及や以下のような言明がある。「神はご存じであり、お前は知らない」。

（7）以下のことを指摘しておくべきだろう。もしクルアーンが「悪を創造した」（ミン・シャッリ・マー・カラク）のは神であると明確に述べなかったとすれば[*6]、マズダ教的あるいはマニ教的二元論への扉が開かれたままになっただろう。一方は善でもう一方は悪の二つの神を認める危険を冒すことになっただろう。クルアーンの解決策は言わば二つの陥穽の間にある。二つの対立する神の観念と、純然たる悪の否定という二つの陥穽の間に。

アラブあるいは近東の大衆の心性は他の選択肢を残さなかったように思われる。
(8)この「神的顕現」は、ヴェーダーンタ学徒達のブッディ、あるいは一神教徒達の大天使的領域にほかならない。
(9)超-有または有または存在。別の言葉で言えば、純粋無限(アーナンダ)、あるいはその有における延長(プラクリティ)、あるいは存在をもたらす宇宙的基体の無際限性(サラスヴァティー・ラクシュミー・パールヴァティー)。パラケルスス*7によれば、「子」なる神は「父」だけではなく「母」も前提とする。後者は多かれ少なかれ「父」のうちに隠されており、彼女を人間的次元において体現するのはマリアである。この意見は次のような意味において妥当である。無限は隠喩的に——もしわれわれがこの種の象徴の用法とそれを可能にする枠組みを受け入れるとすればであるが——絶対の「配偶者」(シャクティ)、そして神的完全性あるいは至高善の「母」と考えられることができる。無限は必然的に、女性の化身において「不可抗力による」仕方で反映される。
(10)合理主義においては、全可能性は夢想である、と言われるだろう。しかるに現実にはそれは一つの潜在性、あるいは潜在性そのものである。また全可能性は神的「次元」であるのみならず、有からわれわれの世界に至る全マーヤーでもあることを付言しておこう。

実体——主体と客体

(1)絶対と無限は相補的である。前者は排他的であり後者は包括的である。絶対は偶然的なもの全てを排除し、無限は有るものすべてを包含する。偶然性の中で、絶対は完全性を生みだし、無限は無際限性を生みだす。球は完全であり、空間は無際限である。デカルトは無限という言葉を神のみに留保したが、パスカルは数多くの無限について語った。この点ではデカルトに賛成しなければならない。ただしパスカルを責めることなく。なぜなら、その単語の絶対的な意味はその字義的な意味から結果するものではないからである。イメージは形而上学的である以前に物理的である。たとえ因果関係は逆であっても。神は無限であるゆえに無限に善であり無限に正義であると神学は教えている。それは、あまりにも厳密であろうとするならば矛盾している。なぜなら、絶対的な意味における無限の性質は、他のいかなる性質をも排除するだろうから。

(2)世界の直接的な主体は、一でありながら差異化された自己の投影であり、直接的な仕方における自己そのものではない、ということを明確にするためにわれわれはこの複数形を用いる。

(3)「天の国」は、客観的には、それを反映する目に見える空のように、「われわれの上に」ある。しかしながら、福音書の言葉を言いかえるならば、現実にはあるいはより具体的には「われわれの内に」ある。上昇は深みを含意し、要請し、生みだす。

(4)いわゆる「厳密な」経験科学の唱道者達は、物理的世界のある状況を発見あるいは把握したことによってではなく、本質的に認識可能なものに対して不釣り合いな、それゆえ人間の全体的使命を忘れ去った科学的好奇心のうちに自らを閉じ込めたことによって非難され得る。正にこの理由によって、科学主義の先駆者達は、一般の人々は集団的な昔ながらの人間の経験に反するデータに対処する能力を知的にも道徳的にも持っていないということを決して理解しなかった。また彼らは、定義によって部分的である相対的事項の知は、定義によって全体的である絶対の知から、懲罰を受けることなしに自らを引き離すことはできない、ということも理解しなかった。ガリレオ、そして彼を通してコペルニクスは、彼らよりずっと以前にアリスタルコスが「神々の静謐を乱した」という同じ理由で非難されたように、異端の廉で非難された。これは、問題となる全ての事情を考慮に入れるならば、妥当なことである。なぜなら人間は天文学のためだけに作られているわけではないからである。*8

(5)エゴイズムに関しては次のことを明確にしておこう。われわれはそれを、感情的で十分な理由を欠いた「利他主義」とではなく、存在する権利と存在の意味を実現する義務から単純に帰結する自己愛と対比する。「あなた自身のようにあなたの隣人を愛しなさい」という言葉は、人は自分自身を愛さなければならないということ、ただし神に従って愛さなければならないということを意味する。

(6)絶対の観念の測りがたい価値は、神の一性の観念による救済というイスラームの一見したところ法外な原則を理解することを可能にする。一性の拒絶を除いてはあらゆる罪は赦されうる。この一性は実体にほかならない。
(7)「ああ、まことに、夫への愛の故に夫が愛しいのではなく、彼における自己への愛の故に夫が愛しいのである。ああ、まことに、妻への愛の故に妻が愛しいのではなく、彼女における自己への愛の故に、妻が愛しいのである。」(ブリハッド・アーラニヤカ・ウパニシャッド、第四章五節六節)「アートマンのみが愛されるべきである。アートマンのみを愛する者にとって、彼が愛しく思う物は滅びることがない。」(同書、第一章四節八節)「心をつくし、霊魂(精神)をつくし、思いをつくして、あなたの神である主を愛しなさい。」(「マタイによる福音書」22:37)

神的性質としての創造

(1)民族的複雑性と秘教の問題を全く別にすれば、平均的なセム人の精神は、客観的に「そうである」ことよりも主観的に「不可欠である」ことにより関心を持つ。
(2)神からの流出というならば、エクスという単語は存在論的な因果関係を表すだろう。しかし、無からの創造においては、それは単に論理的な関係を示しているだけである。無からの創造において、「無からの」という言葉は創造の概念を明確にする役割を果たしているだけであるということを指摘しておくべきだろう。創造は定義によって無からなのである。
(3)「天と地を見よ、そしてその中にある全てのものを見よ。そして神はそれらを無からつくられたことを知れ」(「マカバイ記二」7:28)同様に、あらゆる信条——それらも聖霊の霊感をうけたものである——は、無からの創造を教えている。
(4)「全ての諸可能性は全体的可能性の内に含まれており、全体的可能性は原理そのものと一つである。それゆえ、これらの諸可能性から顕現が現れるならば、それは原理の外にある何かから現れるのではない。」(ルネ・ゲノ

ン「創造と顕現」『伝統研究』一九三七年十月号）[*9]

（5）何度も繰り返される定式「神は言われた」によって創世記が表現しようとしているものはこのことである。

（6）分離できない受動的極はプラクリティ、原理的な基体あるいは「神的女性」、あらゆる存在者の「母」である。

（7）それはまた次のように訳されている。「彼は語った。するとそれは生まれた。彼は命じた。するとそれはそこにあった。」最初の結果は、疑いもなく神的知性における概念すなわちプルシャ、有によって抱かれた諸可能性を指しており、次の結果はブッディによる創造的発効を指している。

（8）女性は子供を生むことによって救われると聖パウロが述べる時[*10]、彼は暗黙裡にこの神秘を想起している。彼が処女性の理想を奨励する時[*11]、観点は異なっている。この場合、女性は肯定的な創造的機能にではなく、基体の不可侵の純粋性に参与している。

（9）事実、「サブスタンス（実体）」という言葉と「エッセンス（本質）」という言葉はしばしば同義である。しかし厳密に言えば、前者は連続性を、後者は不連続性を示唆する。前者はより内在性に言及し、後者は超越性に言及する。一方では、人は永続的な実体と変化する「偶有」を区別する。他方では、原理の問題であれ顕現の問題であれ、人は根本的な本性である本質と、その反映あるいは表現の様態である「形態」とを区別する。

（10）マーヤーの観念は、偶然的な事物と純粋な原型である「イデア」との間のプラトン的な区別の中に本質的に含まれている。

（11）ヒンドゥーの概念は、著者が厳密に整合的な諸観念を与えることよりも鍵を提供することを意図しているという意味において、体系的に首尾一貫しているというよりもむしろしばしば示唆的である、ということは指摘しておくべきだろう。実を言えば、このことはほとんどの東洋の教義にあてはまる。

（12）これは進化論が原理的に無視していることである。なぜならその理論にとっては、それぞれの種は内なるものから外なるものへと、それぞれ他の種とは独立して現れてくるのではなく、外なるものにおいて、先行する種から現れてくるからである。内面性は故意に否定され、それとともに「イデア」あるいは原型の世界も否定される。

(13)芸術と霊性の間のこの関係は、いかにして芸術あるいは技芸が観照の媒体になりうるかを理解することを可能にする。それはまた技芸的イニシエーションの存在理由を説明する。異なってはいるが類比的な次元における、武芸に基づくイニシエーションのことも忘れないでおこう。

存在論的-宇宙論的連鎖

(1)両方の向きの三角形はソロモンの印璽において結び付けられている。

(2)この最初の二極性は、事物の本性によって、幅広く多様な反映や適用を持つ。例えば、定義というものは一方において「定義されたものだけ」を表現せねばならず、他方では「定義されたものの全体」を表現せねばならない。かくして一性と全体性、絶対性と無限性がある。それらが投影あるいは顕示する原理の普遍性の力によって、適用例は数多く様々である。

(3)少し異なる観点から言えば、必然性と自由である。適用の領域に戻ると、男が女を愛する時、それはあたかも必然性が可能性あるいは自由へと向かうかのようである。女性的な愛においては逆に、可能性あるいは自由が必然性の助けを求める。

全能性の諸次元

(1)反形而上学的哲学者達はこのことについて根本的に無知であり、古代の教義が彼らにとって「教条的」あるいは「幼稚」であると見えるのはそのためである。それらの教義は教義がそうで有り得るもの、すなわち内在する潜在的な知性認識を現実化へと導く「しるし」であるのに。彼ら自身の限界に最も気付かず、自らの精神の産物によって最も騙されているそれらの「思想家達」が、思考とは何か、何のためのものかということさえも知らないというのは、少なくとも非常に逆説的なことである。

(2)堕落の神話と悪霊に与えられた逆説的な名前ルシファー（光を運ぶ者）によって表現されているのはこのことである。

(3)このすでに相対的な神的要素の至高の予型は、絶対の潜在的に「充溢する」無限性である。

(4)これはシェークスピアによれば「夢がそれから作られる材料」[*12]であり、世界のそれと一致する。

(5)進化論者の誤りはその根をこの偏見のうちに持っているということを指摘しておいてもよいだろう。被造物を、神的知性から出発し微細もしくはアニマ的領域を通過して物質の内に「受肉した」諸原型と考える代わりに、彼らはあらゆる因果性を物質世界のみに限定し、この概念的な「測面法」が含意する明白な矛盾を故意に無視する。[*13]

(6)存在論的に必要なものは、セム的な言い方で言えば、「書かれたこと」である。

(7)ヒンドゥーの教義では、「ブラフマーの昼」の後には「ブラフマーの夜」が続く。投影の後には再統合が来る。

(8)例えば美しさが醜さよりも存在論的により現実的であるのは、――あらゆることを相対化し、主観化し、転倒する現代精神によってそのことは典型的な情熱を持って否定されているが――この原理の力によってである。そしてまた「黄金時代」が他の時代よりも、特に「鉄の時代」よりも長く続くのもこの理由による。

(9)われわれがここで「性質」という言葉によって意味しているのは、相対性に依存する単なる属性ではなく、絶対の内在的な特徴であり、それゆえ本質と不可分の現実である。サンスクリットの用語アーナンダが指しているのは、絶対的な「善性」である。限界のない潜在的可能性という意味合いとともに「至福」「善性」「美」という意味合いを含むアラビア語の単語ラフマーとラフマーンも同様である。「神は愛である」と語る聖書の章句は、これらの様々な側面を指している。

(10)これはそれゆえ「三つの顕現」（トリムールティ：ブラフマー、ヴィシュヌ、シヴァ）の個別化されたシヴァであって、パラブラフマンと同義で全ての権能を所有し司る至高のシヴァではない。

(11)世界の創造において、「神はそれを善いものとご覧になった」。そして神は「人を彼にかたどって作られた」。

(12)これはイスラームが、人間をその原初の司祭性へと回復させることにおいて強調することを意図していることである。

(13)般若心経[*14]が書いているように。「行けり、行けり、彼岸に行けり、彼岸に行けり、ああ菩提よ、幸あれ」

普遍的終末論

(1)啓示は常に対応する知性認識の機会因あるいは最初の条件となるのではあるが。

(2)われわれが他の機会において、とりわけわれわれの著作『神的なものから人間的なものへ』の一章「主観性の神秘からの帰結」において示してきたように。

(3)これは矛盾ではない。なぜなら、人間の特徴的な本性は定義によって、超自然的なものへと開かれた要素を含んでいるからである。

(4)全てのことを考慮するならば、ダンテが古代の賢者達や英雄達を事実上置いたのはこれらの場所である。[*15] たとえ、彼らが「異教徒」であるゆえに彼はこれらの場所を地獄と関係づけたとしても。

(5)「善業」が尽きるとそこから放逐されるヒンドゥー教の楽園は、救済の場所ではなく一時的報酬の場所である。それらは「周辺的」な場所であって「中心的」な場所ではなく、人間的状態の外に位置している。なぜならそれらは輪廻に属するからである。

(6)この言葉はまた暗黙裡に、様々な諸宗教の天国的領域への秘教的言及を含んでいる。

(7)楽園に諸段階があれば、リズムもあるということを明確に述べておこう。そのことをクルアーンは、祝福された者達は「朝も夕も」[*16]食物を受け取るだろうと語ることによって表現している。さらに言えば、位階的諸段階も諸周期も持たない世界、すなわち「空間」と「時間」を持たない世界というものは存在しない。

(8)この宗教間の意思疎通の可能性は、旧約聖書の預言者達のように、歴史的であるとともに天的である同一の人物が複数の異なる宗教において登場する場合においても明白に意味を持つ。彼らが登場する宗教によって彼らの役割は異なるとしても。

(9)「神は人に不当なことをなさらない。人が自分自身に不当なことをなすのである。」(クルアーン「ヨナの章」10：44)

(10)「そしてお前の主がアダムの子らから、彼らの腰から、彼らの子孫を引き出し、彼ら自身に対して証言させた時のこと。「私はお前達の主ではないか?」彼らは言った。「はい、まことに。われらは証言します。」それは、復活の日に、お前達が次のように言わないためである。「このことについてわれらは知りませんでした。」あるいは次のように言わないために。「われらの父祖達はかつて神々に仕え、われらはその子孫です……。」」(クルアーン「高壁の章」7：172-173)これらの存在以前の被造物は、全可能性に必然的に含まれている個体の諸可能性であり、道徳的意志によってではなく存在をもたらす放射によって存在へと呼び出されるのである。

(11)これはメテムプシュコシス[*17]と混同されてはならない。メテムプシュコシスにおいては、死者に由来する原理的には可滅のプシュケー的要素が、生きている人間の霊魂に取り付き、そのことが「転生」の幻覚を生じさせることがある。取り付くプシュケー的要素が良いか悪いか、聖人のものか罪人のものかによって、この現象は有益または有害なものとなる。

(12)イスラームはまたジン、「精霊」を認めている。それらは地霊や水霊、シルフ、サラマンダーのような諸元素の霊やその他の非物質的な生物であり、しばしば山や洞窟、木や聖地にとりついている。彼らは白魔術や黒魔術において、すなわち治療的シャーマニズムや妖術において介入する。

(13)「周辺的」であるか「中心的」であるかのいずれかを。前者の場合は動物の状態と類比的であり、後者の場合は人間の状態と類比的である。幾何学的な点には何か絶対的なものがあるのと同様に、人間的状態のうちには何か絶対的なものがあるという事実は、進化論者・変態論者の仮説を排斥する。地上的生物の場合と同様に、天使達も「周辺的」であるか「中心的」であるかのいずれかである。彼らに所与の完全性と所与の限定の両者を授ける神的性質を彼らが体現するか、あるいは神的有そのものを反映するかによって。後者の場合には彼らは究極的には一つである。それは諸大天使へと分極化し預言者達に霊感を与える「神の霊」、天的ロゴスである。

(14)肉体的な死とそれに続く肉体と霊魂の分離は最初の夫婦の堕落の結果である。これはこの宇宙的周期の終末において修正されるであろう一時的な状態である。「変容した」肉体を持って天へと昇ったエノク、エリヤ、キリスト、処女マリアのような何人かの特権的存在者達を除いては。

(15)スーフィズムにおいては、特に祝福された動物達は、大いなる力を持つバラカ*18に満たされて、彼らの主人に従って楽園に赴くことができたということが「非公式に」認められている。これは、あらゆることを考慮に入れるならば、全くありえないわけではない。天国に動物がいるかどうかという問題に関しては、われわれはそれを否定することができない。なぜなら、動物界は、天国の「園」(ジャンナ)を構成する植物界と同様に、人間の自然な環境の一部だからである。しかし楽園の動物も「園」の植物も、地上的世界から来るものではない。ムスリムの神学者達によれば、天国の植物や動物は選良達のためにその場で創造されたものであり、そのことは彼らはほとんど天使的な実体のものであると言うことに等しい。「そして神が最もよくご存じである。」

(16)楽園の宇宙的な「対立物」は地獄だけではなく輪廻であり、このことは楽園の超越性と独立性を例示する。地獄の消滅あるいは最終的な空虚化を証言するハディースが存在することを付言しておこう。「そこには辛子の草が生えるだろう。」そして神は最悪の罪人をも御赦しになるだろうと、預言者は語ったとされている。

(17)そのことはとりわけスーフィズムにおいて「本質の園」(ジャンナート・アッダート)という表現によって示されている。この園は「性質の園」(ジャンナート・アッスィファート)を神の力によって超越する。

(18)タレスによって定式化され、ソクラテスによって解説された。*19

位格的な面の神秘

(1)しかしながら暗黙裡に条件付きの仕方で。なぜならそこには「形態」があるからである。

(2)ヴェーダーンタは、「至高でない」原理(アパラ・ブラフマン)と「至高の」原理(パラ・ブラフマン)を区別する。前者は後者のような絶対そのものではないが、世界に対する関係においては「実際上」絶対である。それゆえそれは「相対的に絶対的」である。位格的な神は、本来的に「絶対」であることなしに「絶対的」である。

(3)類比的な仕方で、そして全く異なる次元において、一つの芸術作品の価値は他の作品の基準によって測ることはできない。例えば極東の音楽の価値は西洋音楽の基準によって判断されることはできない。必要と意図があまりにも異なっているのである。たとえ芸術の存在理由が、そしてより強い理由で霊的な道の存在理由が、偶然性から実体への、あるいは外殻の世界から原型の世界への移行であるとしても。

(4)この社会あるいは神の国は、キリスト教によって修道会において、とりわけアトス山[*20]において実現された。

(5)正教の世界はこの運動に抵抗することができなかった。それはともかくとして、ヨーロッパの服装の歴史を順次検討してみると、――王侯の服装から始めて次にブルジョア、男性のものも女性のものも――これらがキリスト教徒の服装であるとは信じ難い。それらは世俗性によって――あるいは軽薄さによってさえ――要するに宗教的感覚のほとんど全面的な欠如によってますます徴づけられている。これらの人々が福音書を読み、十字架とは何かを知り、告解の秘跡にあずかり、聖体拝領するといったことがどうして可能なのか疑問に思われる。

(6)次の事実は見落とされるべきではない。キリストは相対的に秘教的な現象であり、――「人間の戒め」に対する彼の嫌悪や内面性の強調はそこから来る――定義によって法律主義的な顕教的イスラームは、少なくとも間接的に、この事実のゆえに彼に対する一種の反論を指し向けざるを得なかった。あるデルヴィーシュ[*21]はわれわれにこう語った。「イエスは完璧だった。しかし彼は彼が神とされることを妨げることができなかった。」

(7)「使者達」のうちの最後の者は最も偉大でなければならない、なぜなら、最終性は前例のない総合を実現しつつ原初性と再び結びつくからである、という特徴的なイスラームの議論については言うまでもない。

(8)それゆえクルアーンは「神は望まれることをなす[*22]」ことをわれわれに進んで思い起こさせる。

(9)さまざまな神学、とりわけパラマス[*23]の神学において二律背反が演じる役割――対照による論法――はよく知られている。神学者達は、一見したところ調和させることが不可能な二つの言明を提示する。その矛盾そのものが、火打石から出る火花のように、明確化できるものではないとしても照明的な直観を引き起こすのである。

(10)すなわち、三位一体でなければ神ではないということである。

(11)この過小評価はキリストの母にも及び得る。「神はお前マリアを選び、清め、あらゆる女性の上に挙げられた[*24]」とクルアーンが言明する時、単に「マリアは当時の女性の中で最も敬虔であった」のであり、それ以上でも以下でもない、とこの言明を解釈する方法を見つける注釈者達がいる。これは馬鹿げた最小化であり、マリア崇拝への恐れによって説明できる。それはいつものように神のより大いなる栄光のための一例である。神のより大いなる栄光は、敏感な一神教の環境において、神学的にそして心理的に決定的に重要なのである。

(12)事実においてキリストはこのロゴスを体現した。イスラームはこのことを、イエスを「神の霊」(ルーフ・アッラー[*25])と名づけることによって認識している。しかし、キリスト教と同じ帰結を引き出すことなく。さらに言えば、われわれが異論を唱えるのは、キリストが「至福直観」へと霊魂達を挙げるために「地獄に下った」ことに対してではなく、この救済的行動がキリスト教の時代以前の――イスラエル以外の人々さえも含む――あらゆる善意の人々に区別なく関与し得たという主張に対してである。

(13)あるスーフィーは彼の君主にキリスト教徒を抑圧するように無頓着に忠告する――それはやはり少し行き過ぎである――一方で、またあるスーフィーは逆にキリスト教徒と交際し彼らを保護しようとする。このことは、秘教的であると同時に伝統的に厳格な環境においては、非常に様々な諸意見を許容する余地があるということを意味する。このことに関連して、ウマイヤ朝のカリフであるウマル二世の抑圧的な反キリスト教徒的法律は、しばしば無知あるいは不正によって、偉大なるウマル、預言者の友にして第二代カリフに帰せられていることを指摘しておこう。彼のキリスト教徒に対する寛大さはよく知られていた。それはともかくとして、多くの場合において、絶対的な観念と相対的意見の間の不均衡――象徴的であるが奇妙に思われる伝説を含めて――に対して、次のクルアーンの一節をあてはめることができよう。「アッラーだと言え！　その後は彼らが無駄な議論をするままに放置せよ。」（「家畜の章」6：91）

宗教類型論の概要

（1）たとえそれが「相対的絶対」の場合でも同様である。なぜなら神的領域の全ては、人間的相対性に対する関係において絶対的であるからである。純粋知性認識に対する関係においてはそうではないが。純粋知性認識は実効的にあるいは潜在的にあらゆる相対性を超越する。もしそうでなければ、われわれは絶対の観念さえ持ってはいないだろう。

（2）法の観点からは、美徳に適合することとは、個人や彼の直近の隣人の霊的利益そしておそらくはまた物質的利益――霊的利益は無条件に、物質的利益は条件付きで――にも資することだけではなく、社会の平衡に役立つことも含まれる。一方、単なる事物の本性の観点からは、美徳に適合することとは、集団の必要とはかかわりなく、それ自体において正しいことであり、それゆえ、所与の霊的利益に資することである。いかなる人の正当な利益をも損なわないという条件のもとに。

（3）両方の場合においてキリスト教の影響の可能性は全面的に排除されなければならない。それは霊的原型の問題であって、歴史的現象の問題ではない。

（4）これはこの文脈においては方便に相当する。

（5）しかし、「肉となった御言葉」によって実現された特徴的で真に比類のない様態に関してではない。クルアーンは、キリストは「神の霊」であり、彼は処女から生まれたと認めているけれども。*26

（6）この点において、東洋は最終的に西洋に加担したのである。しばしば「魔法使いの弟子」の熱意をもって。人間の一般的な堕落についてはあらゆる伝統によって予見されてきており、伝統主義の名のもとにそれを東洋において否定することは控えめに言っても逆説的であろう。

(7)最も不幸な混同を予め防止するためにここで指摘しておかなければならない現象は、偽りの伝統主義である。それは宗教的形式の内に、イスラームの教義とムスリムの心性の正反対物である諸観念や諸傾向を導入することによって、イスラームから超近代的で破壊的なナショナリズムの旗手を作り出す。[*27]類似の企ては他の伝統的世界においても出現している。

(8)近代主義的東洋人は多かれ少なかれこのことを認めているが、それを伝統のせいにしている。そして彼らがこのことを認めるのに利益を見出しているのは、何よりも彼らの近代主義によってなのである。彼らは、植民地主義が伝統的諸制度を維持したと非難しさえする。

(9)西洋を、その誤謬を世界に拡散させたことで非難することはできるけれども、それにもかかわらず、誤謬を受け入れた者もいるはずである。イブが唆したのではあっても、神学はアダムを決して無罪にはしていない。

(10)ある種のケースにおいては、次の事実を考慮に入れなければならない。技術的諸手段、とりわけ兵器を利用するのは必然的に反伝統的人間であって、伝統的人間はその結果無防備な状態になる。しかしほとんどの場合においてこの一般的状況は伝統の側に立つ者達が抵抗を示すことを妨げることはない。われわれは一度ならず次のように聞かされてきた。東洋において、起こった全てのことは「神の意志」によるものだ、と。さて、類似の状況において、この論法を中世以降あるいは古代以降でさえも用いることはできたであろう。しかし、この二十世紀後半より前には、この論法を用いようと夢想する者は誰もいなかったのである。

(11)欺瞞は傲慢の罪から結果する。偽善を行うことは善を不当に自分のものにすること、善に反する目的のために善を従属させること、それゆえ下劣な意図によって善を損なうことである。傲慢は、それに伴う偽善と同様に、欺瞞しか生みださない。

二つの秘教

(1)われわれは「内在的な」「内在」「内在主義」という言葉を語源的意味に従って解釈する。immanens は、「内にあること」を意味する。スピノザに始まる近代哲学的な解釈は濫用である。内在性は同一性ではないし、超越性の否定でもない。そしてもちろん、認識論的主観主義ではない。

(2)そして特に、ヘルメス主義*28や工芸のイニシエーションのような、前キリスト教的な起源を持つ秘教のことを忘れないでおこう。あるいは騎士道も。その起源はわれわれには不明瞭であるが。

信仰の世界における欠陥

(1)「国のものは全てわれわれのものである」とオルレアン公が言ったように。

(2)信条なしでは、霊的な道は枠組みを欠く。しかし聖性を生みだすのはパウロ的なそして神秘的な意味における信仰である。

(3)さらに、尊敬すべき誤りと不名誉な誤りを区別しなければならない。判断の誤りによって誰かを称賛することと、誤って誰かの悪口を言うことは同じことではない。しかし、あまりにもしばしば神学者達にとっては同じことである。

(4)侮辱的な意図なしに言えば、絶対的現実として提示された三位一体の場合においては、神の「キリスト化」と言えよう。ユダヤ教の場合においては、神の「イスラエル化」と言えるのと同様に。単純な方便(ウパーヤ)あるいは観点(ダルシャナ)の問題である。

(5)古代の多くの異端は消滅したのに対して、ネストリオス派と単性論者の教会は、それらの創設者に対する激烈な断罪の後にもなお十五世紀にわたって存在している。

(6)人間そのものに対して、すなわち、あらゆる人々に対して。ある特定の人間に対してではない。人間の偶然的で人工的でさえある特定の範疇に対してではない。ある宗教は人間のある所与の集団をアプリオリに対象とするという事実はここでの反論とはならない。この限定には何ら絶対的なものはないということからしてもなおさらそうである。

（7）あらゆる宗教の有効性を認めるということは確かに称賛すべき態度である。ただし次のような条件のもとで。まず、超自然的なものを自然的なものにおとしめる心理学主義の名のもとにそれがなされるのではないということ。そして、疑似宗教や疑似霊性が排斥されること。ある種の「エキュメニズム」*[29]はこれらのことに無知であるように思われる。普遍主義は「人間主義」ではないし、無差別主義でもない。

（8）例えばマイスター・エックハルトのような人はこのことを完全に理解していた。

（9）原理的には考えられないことではないにせよ、例えばプラトンのような人はあらゆるものを自分自身から引き出したとか、あるいはシャンカラのような人がウパニシャッドを必要としなかったとか信じることは無益なことであろう。

（10）スコラ哲学は知性を復権させようとした――部分的には成功した――最初の試みであった。後に、俗でルシファー的な反動であるルネサンスが訪れた。プラトン主義と秘教の小さな島がいくつか存在したが*[30]。バロックの芸術は、知性の濫用と敬虔な愚かさの怪物的な結合を示した。後者はますます不毛になるルネサンスからの獲得物のおかげで饗宴に耽ることができた。いずれにしても、バロック様式が示していることは、「知的な」愚かさは、例えば農民の作った聖母像のような幼稚な愚かさよりも百倍も悪しきものであるということである。

宗派的な思弁――意図と行き詰り

（1）ある種の場合においては、弱いものを強くないことの故に非難することはできるだろう。しかし、相対的なものを絶対的でないことの故に非難することは不条理なしにはできない。存在論的様態は道徳的欠点ではない。

（2）「神は悪を許容する」そして「より大いなる善のために」神はそうする*[31]、というキリスト教の表現は、神のやり方はわれわれには理解可能でないかもしれないという事実にもかかわらず、常に知的に十分というわけではないが道徳的には満足できるものである。イスラームにおいては、神は能動的な仕方によってではなく人を「見捨てる」ことによって、あるいは彼から「顔をそむける」ことによって「誤りを起こさせる」と言われることが時としてあることを指摘しておこう。

(3)ラービア・アダウィーヤ[32]のものとされている大胆であるとともに省略語法的な定式によれば、「存在することよりもより大いなる罪はない」。そして、この種の他の定式によれば、神のみが「私」と言う権利を持っており、イブリース[33]の罪はまさしくこの権利を自分自身に帰属せしめたことであった。

(4)それは事物の本性に合致した内在的な道徳の問題である。ある特定の形式的で制度的な道徳とそれが一致するか否かにかかわりなく。

(5)「アッラーはあなたがたとあなたがたの造ったものすべてを創り給うた[34]」とクルアーンが明確に述べるのは、人間から道徳的責任を取り去る意図によってではなく、被造物の全面的な存在論的依存性を指摘するためである。このことの証明は、同じクルアーンにおいて、神が規定し、禁止し、約束し、脅していることであり、これらのことは彼自身以外の責任の存在を想定してのみ意味を持つ。一方において、クルアーンは「神は望む者を誤らせる[35]」と述べる。聖書によれば神は「ファラオの心をかたくなにした[36]」ことを忘れるべきではない。また一方でクルアーンは、「神は彼らにいかなる害も望まないが、彼らが自身を害する[37]」などその他類似の表現を述べている。

(6)「陶器師は粘土と同じであろうか。造られたものがそれを造ったものについて、「彼は私を造らなかった」と言い、形作られたものは形作ったものについて、「彼は知恵がない」と言うことができようか」(「イザヤ書」29:16)。この意志主義的で信仰主義的な論理はその存在理由を必然的にその文脈の内に持っている。

(7)もちろん聖なる歴史のレベルにおいてであるが、問題となっている心理はそれにもかかわらずその特徴を保持している。

(8)同じ指摘は次のクルアーンの表現にも当てはまる。「彼は望むものを創造する」(ヤクルク・マー・ヤシャー[38])

(9)これはクルアーンが次のような言葉で表現していることである。「もし彼ら(断罪された者達)が(地上に)連れ戻されたとしても、彼らは彼らに禁じられたことに再び戻っていただろう。」(「家畜の章」6:28)

(10)キリスト教においては、神学は予定に関して不確定的である。それ自体においてではなく、神の意図に関して。それはある神学者達によれば人間の功徳とは独立しており、他の神学者達によれば、少なくともある種の場合においては多かれ少なかれ人間の功徳に依存している。しかし結局のところ優勢を占めたのは、あるいは他の意見を圧倒したのはこの二つの意見のうちの前者、聖アウグスティヌスと聖トマスによって支持された見解であった。[*39] カトリック達は、救済を確信していることに対してプロテスタントを非難する。神学について無知な大部分のカトリックが同様の態度をとっているという事実を別にしても、この確信は実際のところ教義的と言うよりも方法的な要素であり、——少なくとも敬虔な人々においてはそうである——そしてそれは興味深いことに浄土教信徒達の類似の確信に通じる。

(11)われわれは疑いもなくこの言明を一度ならずなしてきたし、おそらくそれに再び立ち戻ることになるだろう。しかし、教義的な情報の錯綜において、内容と形式の両方の観点からすでに表現されてきたことの全てを思い起こすことはほとんど不可能である。最大限の明晰性を要求する事項を明確化しようという知的誘惑は大きいだけになおさらそうである。

(12)正当にそして言葉の誤用なしに「人間の尊厳」と呼びうるであろうもののもう一つの例は、イスラームによってアブラハムに与えられた「神の友」(ハリール・アッラー)[*40] という称号である。そしてイエスが「天にまします我らの父」[*41] について語った時、それは正に、人間がある点において「下僕」であるとすれば、また別の点においては「子」であり「相続人」であるということを示すためであった。

(13)キリストによる、そして後に聖パウロによる法の内面化はこの神秘に属している。「生かす霊」の力によってもたらされた「殺す文字」の内面化。キリストの意図においては、形式から本質へのこの移行は「廃絶」ではなく「成就」であった[*42]、ということを指摘しておこう。キリスト教が、宗教であるゆえに、それ自体も「法」となった、という事実は、全く別の次元に属する。

(14)この非道徳的な——不道徳ではない——無関心は、ヒンドゥー教のリーラーの観念、マーヤーにおける、マーヤーによる「神的戯れ」の観念のうちに現れている。

(15)例えば自然災害のようなある種の悪は、それ自体では悪ではない、ということを忘れるべきではない。なぜならそれらを引き起こした諸要素は善だからである。それらによって人間の地平に引き起こされる損害は何ら肯定的なものを示さないというのは真実であるが、それでもやはりそれらは本来的に悪なのではない。

(16)「真理」と「現実」の両方を意味するハックという言葉が神の名の一つである理由はこれである。

(17)これは禅の公案、真実を見ることを妨げる心的習慣の殻を打ち破ることを意図した無意味で爆発的な定式のことを思い起こさせる。

イスラーム秘教の謎と教え

(1)少なくともマシニョン[*43]とニコルソン[*44]以前には。

(2)この対立の側面が当初から現れたということの証拠は、アブー・フライラ[*45]の次の告白によって提供されている。「私は、神の使徒から受け取った、二つの貴重な知識の宝をわが記憶の内に保持している。そのうちの一つを私は公にした。しかし、私がもう一方を暴露するならば、お前達は私の喉を切るだろう。」同様の言葉が聖トマス福音書[*46]にも見出される。spiritus autem ubi vult spirat.(「風はその望むところに吹く。」(「ヨハネによる福音書」3:8))

(3)また、音楽や詩や踊りの多かれ少なかれ相対的な禁止がある。対立の側面の力によって、秘教はこのことを気にかけない。対立の側面は実際には事物の本性、それゆえ本来的な価値――法的あるいは習慣的な価値ではなく――に基づいている。

(4)「私が世を離れたのではない。世が私を離れたのである。」われわれが一度ならず引用した、鍵となる言葉。

(5)ガザーリーに由来する次のような肯定的な定義も疑いなく存在する。「スーフィズムとは味わい(ザウク)である。」この場合、省略語法は客観的性質ではなく主観的な経験を指しており、それゆえそれは今言及した禁欲的言及（イシャーラート）のような間接的性格を持つ。

(6)十九世紀に、シェイク・アル＝バディはイダ・ウ・アリーのベルベル人部族全体をティジャーニー教団に加入させることに成功した。これはイニシエーション的エリート主義とはかけ離れている。しかしながらその原則は必要となる場合にはいつでも拒絶されることはない。そして、インドにおけるイスラームの拡大は、武器の力ではなくこの教団の宣教活動によるところが大きいということが知られている。

(7)それらの根本的な同一性にもかかわらず、禁欲的で経験的な神秘主義であった初期スーフィズムと、多くの場合ギリシア的な用語系を利用した中世の教義的スーフィズムの間にはある種の隔たりがある。イブン・アラビーは、「存在論的一元論」（ワフダ・アル・ウジュード＝「現実の一性」）の教義を最初に定式化した人物であった。そのことはおそらく、他のより根拠薄弱な、あるいはいずれにしても議論の余地のある理由を別にすると、彼に与えられたシェイフ・アル＝アクバル（最大の師）という敬称を説明する。

(8)「信仰告白」デラドリエール訳[*47]を参照。ある人物が、この著作はイブン・アラビーのものではなく彼の弟子の中の一人のものであるとわれわれに注意を促した。そのことをわれわれは進んで信じるが、その問題はここでは重要ではない。

(9)われわれの形而上学的な無性の自覚は——この一面的な自覚はわれわれの本性全体を要約するわけではないが——必然的にそれにふさわしい道徳的意識を伴う。その事実は、一部の人々の道徳主義的誇張を赦免することはない。なぜなら、これらの熱意の行き過ぎの量的性格は、まさしく、問題となっている自覚の形而上学的性質に対立するからである。

(10)「タリーカ」は公式の祈りにおける「直線（上昇）道」（スィラート・ムスタキーム）と一致する。この「直線道」は、この祈り（ファーティハ）の言葉では、「御身がその恩寵を授けられた人々」（アンアムタ・アライヒム）の道、すなわち秘教的に明白な意味で言えば秘儀参入者（ムタバーリクーン）の道である。それは「御身がお怒りになる者達」（マグドゥービ・アライヒム）すなわち不信仰者や傲慢な罪人達の下降道ではないし、

「迷える者達」（ダーリーン）すなわちこの場合は世俗的でなまぬるい信者達の水平的で紆余曲折の多い道でもない。

(11)事実上ではないにしても原理的には、タリーカは全体的に秘教的次元に属し、ハキーカは達成されるべき目標、あるいは常に現存する本質である。われわれの幾何学的象徴においては、延長を持たない点が形相的固定化を徴づけるのに対して、円や球の丸さは本質の性質とそれによって普遍性の性質を示す。伝統によって是認された別の解釈によれば、逆に円は外的次元、シャリーアの次元であり、半径は様々なタリーカ、中心はハキーカを表現する。

(12)人は識別を欠くことなく忍耐と愛徳を実践せねばならない。識別の賜物はある種の不寛容――世界に論理的であることを強要しようとする秘められた欲望と、世界がある程度不条理である形而上学的権利を持つことに対しての自発的諦観の困難――を伴いがちであることは忘れられるべきではない。

(13)第二の証言によって表現されるこれらの二つの性質は、預言者への称賛（サラート・アッラーンナビー）における「平和」（サラーム）と「祝福」（サラート）に対応する。また、祝福は知性（スピリトゥス）にかかわり、平和は魂（アニマ）にかかわる、と言うことができよう。照明と慰め、確実性と平安。また、「清められた」あるいは「溶けた心」そして「広がった胸」の象徴が知られている。心は、認識と愛の両面における知性を表象し、胸は「狭さ」から自らを解放し「拡大」によって自らを実現する魂を表象する。先に言及した絶対の感覚について言えば、ある種のムスリムのテクストへの接近を非常に困難にする誇張を説明し、少なくともその意図に関しては、赦免するのは、まさしく絶対への希求である。

信仰の言語における陥穽

(1)ここでアクィナスは、パスカジウス・ラドベルトの見解を伝える聖アウグスティヌスのテクストに依拠している。「神学大全」第三部第八十三問題参照。

(2)聞き入れられることが確実な求めの正当性に関することをおそらく除いては。なぜなら、この正当性は、ある種の場合においては自明ではあっても、秘跡の場合においては自明ではないようにわれわれには思われるからである。

(3)奉献文の、明白な外形ではなく、秘められた意図に関しては、これらの祈りは人間そのものの無価値性によって説明され得るし、そしてミサは「共同的行為」であるから、それは会衆の感情を表現する方法であると説明され得る、という主張がなされてきた。われわれの主題の範囲外にあるこの問題に拘泥することは望まないが、ここで次のことを指摘しておこう。平信徒の会衆の多かれ少なかれ聖なる役割という概念は極度に曖昧であり、多くの濫用を引き起こしうる。宗派ごとに異なっている神学的区分にもかかわらず。

(4)聖体礼拝の使徒、聖ジュリアン・エイマールであれば是認しなかったであろう態度である。しかしながら、われわれは近代主義者の不作法よりもグラチアヌス法典の慄きの方を遥かに好ましく思うということも付け加えておこう。

(5)それに加えて、単に多すぎるから、そしてそれらをとっておくことを望まないからというだけの理由で聖体を消費するという事実のうちには、何か顕著に不釣り合い、あるいは「耳障りな」ものがある。秘跡と、現実主義や柔軟性を欠いたある種の解釈との間にある齟齬を指し示す不協和がここにはある。それは、熱意の過剰によって神をおとしめることとである。

(6)この考え方においては、人は容易に動物の尊厳や無垢性を見過ごしてしまう。それらは、人間の堕落の用語上の犠牲にならなければならないのである。

(7)われわれはこの厄介な問題について、われわれの著作『諸宗教における形式と実質』における「聖典におけるいくつかの困難」「霊的表現の逆説」の二章、より詳細には『スーフィズム——ヴェールと本質』の初めの三章において十分に論じた。

(8)貪欲は、クルアーンにおいて、堕落した人間を特徴付ける悪徳とさえ考えられている。「(さらなる利得を求め

る）競争は、お前達の気を（神から）逸らせた。お前達が墓に至るまで……」（クルアーン「競争の章」102・1－2）

（9）われわれはこの態度から結果する離脱と静謐に東洋においてしばしば出会ってきた。それは多くの場合貧しい商人達においてであり、彼らのほとんどは教団の一員であった。

（10）「預言者達の中で」という言葉は、天国における地位ではなく、問題となっている態度すなわち「神の御顔のための」（リワジヒッラー）離脱の態度との親近性を示している。

（11）正しくあるいは誤って。しかしそれは問題にはならない。なぜならそれらは躊躇なく関連付けられているからである。ここで重要なのは、この種の言明のおびただしさとその成功であり、その真正性ではない。

（12）ハムリヤ（葡萄酒の歌）、ウマル・イブン・アル・ファーリド[*48]の名高い神秘詩を参照せよ。ウマル・ハイヤーム[*49]は、彼の四行詩において、葡萄酒がここ地上では禁止されているのに、楽園においては許容されるであろうことに驚嘆を表明している。秘教においてのみ意味を持ちうる警句である。

（13）不条理ゆえに信ず、とテルトゥリアヌス[*50]が言ったように。

（14）平和をもたらすものであれ刺激をもたらすものであれ、欺瞞なしに「感覚的な慰め」となる場合を除いては。しかしイスラームの観点は、この可能性さえも少なくとも原理的には排斥する。

（15）教会において聖歌やオルガンが演じる重要な役割によって示唆されているように、キリスト教は言わば音楽的宗教である。イスラームの意図は反対の観点、「必要な一つのこと」[*51]を念頭に置いた、乾きそして醒めた観点を表すことである。しかし、それはこの貧しさをクルアーンの詠唱の音楽性によって、そしてまたスーフィー的次元においては詩や歌や舞踊によって埋め合わせているのである。それらは顕教によって禁じられた「葡萄酒」の様々な秘教的顕現である。イスラームにおいて性が演じる大きな役割については言うまでもない。

反駁不能の宗教

(1)それはわれわれにシェイフ・アル・アラウィー*52の次の意見について考えさせる。「宗教のあらゆる規定は、神を思い起こすことにその動機を持っており、それ以外にはない。」

(2)仏教徒の用語において方便とは、われわれを苦界から救い出すことを意図した「天的策略」であり、それは人々の必要に応じて変化し得るということを思い出しておこう。その「真理」は字義的ではなく、基本的に実践的あるいは効果的なものである。

(3)パンにおいて、神性は自らを現存させ、聖化する食物をわれわれに与える。葡萄酒において、神性はわれわれをわれわれ自身から奪い、その本性へとわれわれを再統合するためにわれわれを変容させる。少なくとも原理においては、そして潜在的可能性の観点からはそうである。なぜなら言うまでもないことだが、拝領者の大部分にとっては、形色の違いは実効性の観点から見て純粋に潜在的なものに留まるからである。

(4)「サムエル記下」22：2。

(5)「イザヤ書」43：11、および45：21。

(6)「テモテへの手紙一」4：10。

感情的要素の両義性

(1)それはわれわれを次の原則へと導く。Credo ut intelligam.（知るために信じる。*53）

(2)「奴は怒ってる、だから奴が悪いんだ」というフランスの常套句がある。それはいつも間違った方向に適用されている。現実には、この常套句は、悪いので言い訳ができず怒る人々を指している。怒りはそれゆえ証拠あるいは権利の不足を埋め合わせているのである。

(3)実際、イスラームの表現では、認識は「広がり」（インシラー）をもたらす。

（4）「人が一人でいるのはよくない」と創世記は語る。そしてバクティの要素を持たないジュニャーナ（認識）は存在しないということを思い起こしておこう。

心理学主義の欺瞞

（1）「……なぜなら体の一部が滅びても体全体が地獄に投げ込まれるよりはお前にとってより益となることだからである。」（「マタイによる福音書」5：29）

美徳の匿名性

（1）人間精神は如何ともし難く主観的なものであるという主張は、人間の定義そのものを破壊する。

（2）例えばある種の仏教徒タイプの夢想家が主張するように、人はあらゆるものを愛し尊敬せねばならないとすれば、マニフィカト[54]や山上の垂訓の叱責[55]は説明不能となろう。愛徳あるいは「慈悲」は不正の容認ではない。愛徳は厳しさを要求することがあり得るという事実を別にしても。

試練と幸福

（1）「使徒言行録」20：35。同様に、プルタルコスによれば、アルタクセルクセス[56]は「与えることは受け取ることよりも高貴なことである」と語ったという。

（2）「私は有る者である[57]」という燃える柴の「論理」を遠く引き継ぐ表現である。

総括と結論

（1）単なる宗教的信念あるいは信じるための敬虔な努力の意味ではなく、内からの照明を受けた、教義的確実性のほとんど存在的な同化の意味における信仰である。静謐が超越の感覚から帰結するように、精神集中は聖なるものの感覚と密接に結びついていると言うこともできよう。

訳註

参照箇所として挙げた諸文献の既訳は本書の訳とは必ずしも一致しない。本書著者の解釈と意図を尊重した。

序文

まず、英訳では省かれている *Résumé de métaphysique intégrale* (Courrier du Livre) の序文の訳は以下の通りである。

形而上学的地平を散策することはヘラクレスの労苦あるいは幼児の戯れである。人はあらゆる説明の必要と思考のニュアンスの必要を満たすべく努めることもできるし、あるいは根本的な要素だけを説明するにとどめて後は読者の知的直観と善意にまかせることもできる。事実上は、これらの方法のいずれからも逃れることはできず、中庸の道を見出さなければならない。そこに到達することができるよう神に祈り求めながら。結局のところ、われわれは一度ならず語ってきたのだが、ある教義の存在理由は、言葉によって全面的な認識を伝達することではなく、単に、天の助けによってその認識に――あるいはむしろその本質的諸要素に――到達することを可能にするような目印を提供することである。ここでまた次のことを思い出しておこう。合理主義者や懐疑主義者の意図について言えば、ある観念はそれが証明され得るから正しいのではなく、正しいから証明され得るのである。さらに言えば、あることを証明することは、そのうちに自分自身の不滅の実質の反響を聞きとる人々に対してのみ可能である。なぜなら感覚を超えるものを識別することは、よく知られているプラトン的な考えによれば、自分自身のうちに持っている何かを思い起こすことだからである。

それはともかくとしても、同じ著者によって複数の本において既に述べられたことの要約である新しいテクストの有用性とは何か、人は十分な権利を持って問うことができよう。なぜなら「治療の力で患者を殺す」べきではないからである。そのような要約を書くことの必要性そのものが、その存在する権利を示唆している、というのがその答えである。すなわち、形而上学的真理は同化吸収されるために表明されるのであり、——単に思考されるためだけではない——そしてこの関心あるいは配慮は、あらゆる側面において新規であるというわけでは必ずしもないとしても——そのようなことはまず不可能であろうが——少なくとも、同化吸収をより深めるための新しい鍵を提供する諸定式化を時宜を得たものとすることがありうるのである。そして、この目印あるいは参照点の主観的な有用性を評価することは読者にゆだねられている。

この本は、その題名——不可避的に不十分なものだが——にもかかわらず、形而上学だけを取り扱うのではなく、人間的・霊的・伝統的世界に関する主題も扱っている。われわれのこれまでの著作全てがそうだったように。そうであることは必要なのである。なぜなら、諸教義の存在理由は人間であり、真理や諸定式化にかかわる時にはそれらが対象としている受け手のことも考慮するのが理にかなったことだからである。

形而上学的現実を適切に表現する言語の能力に疑いを持つことができると考えている人々もいる。ある人々にとっては、言語は地上的環境と人間個人の限定性によって限界づけられている。またある人々にとっては、思考は文法規則の偶然性によって決定され損なわれている。われわれは問おう。人間は超越的なものを認識できるのか否か？　そしてわれわれは答えよう。それは定義上可能であると。それは、その能力がなければ、人間は人間ではないだろうということである。形而上的なものを認識する能力のない人間というものは、十分な存在理由を欠いたものであろう。そして、人間がこの認識能力を持つならば、その事実それ自体によって、人間の言語は、その認識を表現できなければならないのである。実際、人間の言語は、象徴的な様態と概念的な様態とを含んでいる。前者は言語そのものにとって本来的なものであり、後者は、思弁的な差異化の必要性の力によって発達した言語に適合している。人間とはそのようなものであり、その言語とはそのようなものである。

＊1　原語は religio perennis. 伝統的諸宗教の中核的内容。永遠の叡智（sophia perennis）とほぼ同義。ヒンドゥーの伝統におけるサナータナ・ダルマ。

＊2　インド六派哲学中の主要学派。不二一元論（アドヴァイタ）のシャンカラがその代表者である。René Guénon, *L'Homme et son devenir selon le Vêdânta*（Éditions Traditionnelles）および中村元『シャンカラの思想』（岩波書店）参照。

＊3　原語は metaphysics. アリストテレスの著作の名としては「『自然学』の後に置かれたもの」の意とされるが、シュオンにおいては、生成変化を超える現実についての純粋知性による認識およびその言語的表現を指す。

序論——認識論的前提

本章の仏語テクストは *Sur les traces de la religion pérenne*（Courrier du Livre）に収録されているが、同書の題名を説明する冒頭のパラグラフが、合冊されて改題された英語版では省かれている。以下に、原註と共にその訳を示しておく。

永遠の哲学（philosophia perennis）という用語は、ルネサンス期に現れ、その後新スコラ学派によって広く用いられたものだが、根本的で普遍的な存在論的諸原理についての知を指す。それらの諸原理と同様に不変であり、その普遍性と不可謬性の事実そのものによって原初的なものである知を。われわれは、永遠の叡智（sophia perennis）という用語を進んで用いるが、それは、問題にしているのは現代における大凡の意味での「哲学」——無知や懐疑や憶測から、さらには新奇性や独自性への好みから生じた単なる思弁的構築物——

なのではない、ということを示すためである。あるいはまた、われわれは永遠の宗教(religio perennis)という用語を用いることもできるだろう。その場合、われわれはこの叡智の実践的側面、それゆえその神秘的あるいはイニシエーション的側面に言及している。[1]そしてわれわれがこの本のために「永遠の宗教」という題名を選んだのは、この側面を想起させるため、そして普遍的にして原初的な叡智は人間全体にかかわるものであるということを示すためである。そしてまた、あらゆる宗教の最内奥の本質はこの形而上学的再結合(religio)にあるのだということを、この宗教現象という人間的であると同時に神的な神秘を理解することを望むならばこのことを知る必要があるということを示すためである。今や、この「超自然的に自然的な」現象を理解することは、確かにわれわれの時代の最も喫緊の課題の一つなのである。

[1]われわれは「哲学」という語についてはこのことを望まないということをこの機会にはっきりさせておこう。古代人達はその語をあらゆる真正の叡智を指すために用いていたが、あらゆる形態の合理(理性)主義――それにはわれわれが「理性以下主義」と呼ぶことができるものも含まれる――が、この語に限定的な意味を与え、そのためにその語がどのような範囲の事柄を示しているのか全くわからなくなってしまっているからである。もしプロティノスが哲学者であるならば、デカルトは哲学者ではありえないだろう――全く外形的な文学類型の観点から見た場合を除けば――、そしてまた逆も然りである。

＊1　原語は intellect. 推論能力である理性(ラテン語 ratio)ではなく、直観的認識能力を指す。

＊2　「覚知」の原語は gnosis.「ルカによる福音書」11：52や「コリントの信徒への手紙一」8：1などにおいて言及されている高度の認識を指す。ヴァレンティノスを代表例とする古代の二元論的異端教説を指すのではない。Fenton John Anthony Hort (ed.), *Clement of Alexandria*, Miscellanies Book VII (Cambridge University Press) 参照。

＊3　「神智学」の原語は theosophy. ヤーコプ・ベーメに代表されるドイツ神秘主義の一形態を指す。「神智学の六つのポイント」（『ドイツ神秘主義叢書9』（創文社）所収）参照。ブラヴァツキー夫人を開祖とする近代の疑似宗教にすぎない神智学協会やその亜流の教説を指すのではない。René Guénon, *Le Théosophisme, histoire d'une pseudo-religion* (Éditions Traditionnelles) 参照。

＊4　「哲学」の原語は philosophy. 語源はギリシア語で「知への愛」の意。

＊5　原語は Self. ヴェーダーンタの教説における究極的な主体。言わばその「鞘」である経験的エゴ（自我）と区別される。本訳書では「自己」と訳す。ユング的な集合無意識の内容を指すのではない。

＊6　ヴェーダーンタの教説における、主体と客体の分極化から始まる相対的諸現実、およびそれをもたらす力。後者の意味では「幻力」とも訳される。

＊7　その教説の重要性が認められた古代キリスト教会の著作家。引用されている言葉は、聖アタナシウスのものである。「言の受肉」五四節（『中世思想原典集成2』（平凡社）所収）を参照。同様の言葉は聖エイレナイオス「異端論駁」第三巻十九章にも見られる。

＊8　原語は Being. トマス・アクィナスにおける有自体（ipsum esse）と同義であり、限定された存在者（existence）とは区別される。

＊9　原語は hypostasis.「自存体」とも訳される三位一体論の用語。有のレベルにおいて相互に区別される現実。ラテン語 persona に対応するギリシア語。ネオプラトニズムにおいては、一者、ヌース、プシュケーが「三つのヒュポスタシス」と呼ばれた。プロティノス「エネアデス」エネアスV（『プロティノス全集』（中央公論社）第三巻所収）参照。

＊10　アリストテレス『魂について』（京都大学学術出版会）第三巻第八章参照。

＊11　「マタイによる福音書」5：48。

＊12　「コリントの信徒への手紙一」1章参照。

＊13　「ルカによる福音書」17：21。

完全な形而上学の要約

＊1　ニコラウス・クザーヌスにおける可能自体（posse ipsum）と同義。「テオリアの最高段階について」（『中世思想原典集成17』（平凡社）所収）参照。

＊2　原語は saṃsāra. 存在者が通過する多様な存在状態。心霊主義的な「転生」（reincarnation）の教義を指すのではない。

＊3　ヒンドゥーの教義におけるアーカーシャ（虚空）と同義であり、古典物理学が想定した「エーテル」を指すのではない。

＊4　プラトン『国家』（岩波文庫）第七巻第三章、トマス・アクィナス『神学大全1』（創文社）第一部第六問題第二項参照。

＊5　原語は manifestation. existence と同義。

＊6　代表的な教会教父。『告白』（中公文庫）参照。

＊7　Bonum est diffusivum sui.（聖トマス・アクィナス『神学大全3』第一部第二七問題第五項参照。）この言葉はディオニュシオス文書「神名論」第四章に由来するものと思われる。『キリスト教神秘主義著作集1』（教文館）、一六八頁、参照。

＊8　セム的一神教とはアブラハムを共通の太祖とするユダヤ教、キリスト教、イスラームを指す。

＊9　後続の章「神的性質としての創造」におけるユガの説明を参照。

＊10　原語は a priori. 字義的には「前から」。本書での意味は「原理・原因からして」あるいは「第一義的に」。

＊11　ドイツ神秘主義における最高の形而上学者。上田閑照『エックハルト』（講談社学術文庫）参照。「神性」についての説教（クヴィント版26）も収録されている。

＊12 原語は Beyond-Being.「有」という限定すらもない現実。ヴェーダーンタにおける最高ブラフマン（param brahma）と同義。
＊13 現象世界を作る原理。「ヨハネによる福音書」1章、参照。
＊14 原語は avatāra. ヒンドゥー教の用語。現象世界におけるロゴスの人間的顕現。
＊15 カルケドン公会議におけるキリスト論的定式。デンツィンガー・シェーンメッツァー『カトリック教会文書資料集』（エンデルレ書店）三〇一参照。
＊16 原語は l'Univers total. この一節から明らかなように、シュオンは l'Univers を原理的なものを含めた現実の全領域を指す語として用いている。この訳書では l'Univers に原則として「全現実」の訳語をあて、「宇宙」は cosmos の訳語として用いる。
＊17 「ルカによる福音書」12：34。

神的領域の諸次元、諸様態、諸段階

＊1 ヒンドゥー教において女神の形で表現される力。「性力」とも訳される。
＊2 イスラームにおけるスンナ派四正統法学派の一つ。
＊3 スンナ派における主要神学派。
＊4 「マルコによる福音書」10：18。
＊5 「創世記」1：31。
＊6 神の顕現。
＊7 「ローマの信徒への手紙」9章、参照

実体――主体と客体

＊1　本章の仏文テクストは *Forme et Substance dans les Religions* (Dervy-Livres) に収録されている。
＊2　この一節はハディースからのものである。『ハディース』下巻（中央公論社）、四〇四頁参照。
＊3　「ルカによる福音書」17：21。
＊4　ヒンドゥー教六派哲学中の一つサーンキヤ学派における用語。中村元『中村元選集［決定版］24ヨーガとサーンキヤの思想』（春秋社）参照。
＊5　同前。字義的には「人」を意味する。
＊6　同前。字義的には「知性」を意味する。
＊7　十七世紀フランスの数学者・物理学者。神秘的体験を持つ宗教思想家でもある。引用の言葉については主著「パンセ」（『世界の名著29　パスカル』（中央バックス）所収）第二章72参照。
＊8　二十世紀のインドの聖者の一人。前田専学『ヴェーダーンタの哲学』（平楽寺書店）、五三頁参照。
＊9　原語は Heart. 肉体的器官としての心臓がその物理的次元における射影であるような精神的現実であり、人間的存在の中心。イスラームにおける「カルブ」（心）と同義。本訳書では「心」または「心臓」と訳す。
＊10　原語は mental. 想像的・言語的な分別知の領域。
＊11　「ルカによる福音書」11：23。

神的性質としての創造

＊1　クルアーン「ターハー章」20：5参照。
＊2　預言者ムハンマドの言行録。ただし、ここで引用されている言葉は、後代の学者達によって真正性を疑われ、現行の標準的なハディース集には含まれていない。しかし、イブン・アラビーのようなスーフィー達は啓示に

基づいてこの言葉を真正なものと判断している。William C. Chittick, *The Sufi Path of Knowledge* (State University of New York Press), p 391 参照。

＊3 原語は a posteriori. 字義的には「後から」。本書での意味は「結果からして」あるいは「第二義的には」。

＊4 「雅歌」1：5。

＊5 デミウルゴス プラトン「ティマイオス」参照（『プラトン全集』第十二巻（岩波書店）所収）。

＊6 「創世記」1：2。

＊7 『古代オリエント集』（筑摩書房）参照。

＊8 『初期ギリシア哲学者断片集』（岩波書店）参照。

＊9 アポロドーロス『ギリシア神話』（岩波文庫）第一巻第三章参照。

＊10 『ラーマーヤナ』全七巻（東洋文庫、平凡社）参照。

＊11 「ブリハッド・アーラニヤカ・ウパニシャッド」第四章5：6参照（湯田豊『ウパニシャッド』（大東出版社）所収）。

＊12 原語は psyche. ギリシアの伝統における「プシュケー」（魂）、ラテン語の anima に相当する。ギリシア語の「プネウマ」（霊）、ラテン語の spiritus とは基本的に区別されなければならない（文脈によって用法の変化はあるが。聖書における用例としては「ヘブライ人への手紙」4：12参照）。プシュケーは霊と物体の間の媒介的存在であり、想像力・生命力にかかわる。ヒンドゥーの伝統におけるプラーナ、チベット語のルン（風）とほぼ同義。

＊13 精神的実現（悟り）へと導くための修行過程や霊的影響の伝授、狭義ではそのための儀礼。キリスト教における洗礼、秘密仏教における灌頂など。

＊14 「ヨハネによる福音書」15：5。

存在論的-宇宙論的連鎖

・本章の仏語テクストの最初の註はフランス語特有の問題を扱うものであるため、英訳では省かれている。本訳書でも省く。

・本章の連鎖の図を次に示しておく。

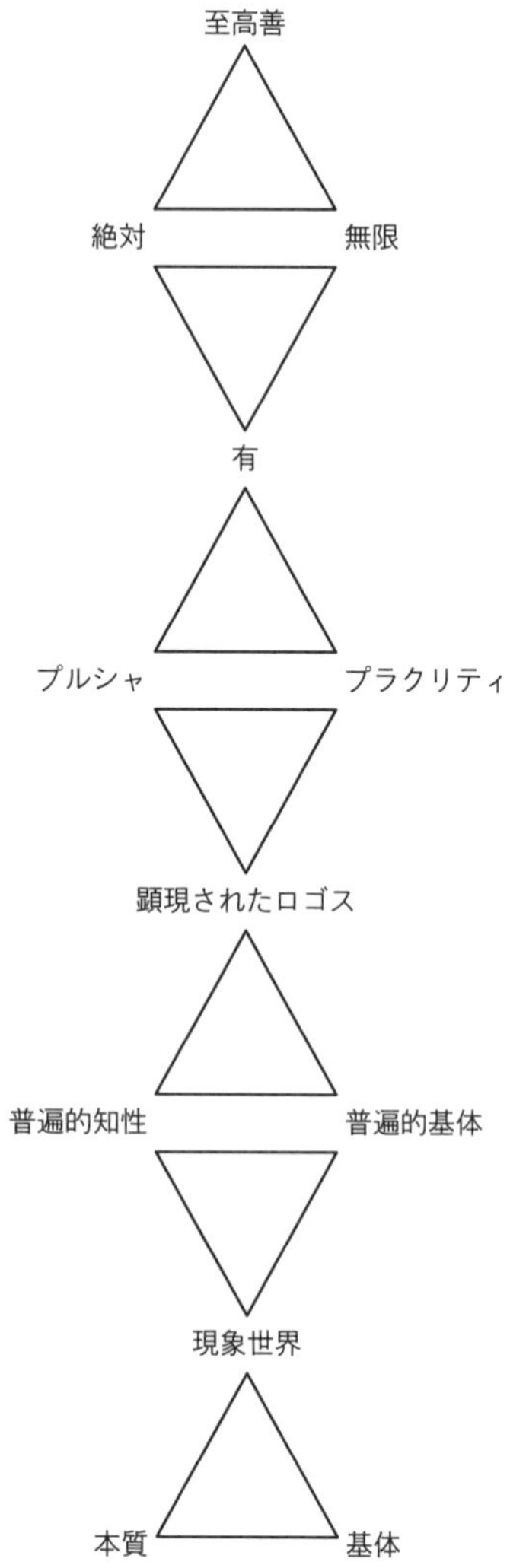

全能性の諸次元

＊1 原語はapocatastasis.「使徒言行録」3：21、および、オリゲネス『諸原理について』（創文社）参照。ヒンドゥーの伝統におけるマハープララヤと同義。定方晟『インド宇宙論大全』（春秋社）参照。

＊2 「マタイによる福音書」19：26。

＊3 トマス・アクィナス『神学大全4』（創文社）第一部第四八問題第一項参照。

＊4　「マタイによる福音書」18：7。
＊5　「ルカによる福音書」15：11以下参照。
＊6　古代ローマの高位神官。使徒ペトロの後継者である歴代ローマ司教の称号でもある。

普遍的終末論

＊1　原語はeschatology. 本章では人間の死後の運命に関する教説を指す。
＊2　あるいは仏教的には心相続の無始無終。
＊3　使徒信経における信仰箇条。『カトリック教会のカテキズム』（カトリック中央協議会）九四六以下参照。
＊4　「マタイによる福音書」7：13。
＊5　プラトン「国家」第七巻第十八章参照（『プラトン全集』第十一巻（岩波書店）所収）。
＊6　この言葉は現行の標準的ハディースには含まれていないが、イブン・アラビーはこれに対する注釈を書いている。Ibn Arabi, "*Whoso Knoweth Himself...*" (Beshara Publications) 参照。

位格的な面の神秘

＊1　「ヨハネによる福音書」3：8。
＊2　「ヨハネによる福音書」18：36。
＊3　ヒンドゥー教の用語。ヴェーダーンタ学派内ではラーマーヌジャ等によって強調された。松本照敬『ラーマーヌジャの研究』（春秋社）参照。

宗教類型論の概要

＊1　預言者　神の言葉を伝える者。本書における「預言者」は断りのない限り原則としてムハンマドを指す。

＊2　「コリントの信徒への手紙一」7章参照。
＊3　原語は reasonable で、「穏当な」というニュアンスを持つ。
＊4　「ヨハネによる福音書」10：7、14：6参照。
＊5　「コリントの信徒への手紙一」1：25。
＊6　「イザヤ書」14：12以下において言及されている悪魔の名。ヤーコプ・ベーメ『アウローラ』（創文社）第十三章以下を参照。

二つの秘教

＊1　著名なスーフィー。大胆な教説の故に当時の法学者達から断罪され、九二二年バグダードで処刑された。マシニョンによる浩瀚な研究書 *La Passion de Hallâj* (Gallimard) を参照。
＊2　「ブリハッド・アーラニヤカ・ウパニシャッド」第一章4：10参照（湯田豊『ウパニシャッド』（大東出版社）所収）。
＊3　「ラー・イラーハ・イッラッラー」という第一の信仰告白は「アッラーの他に神なし」と訳される。これは、「現実はない、一つの現実の他には」という存在一性論的な認識の表明である。
＊4　教皇ヨハネス二十二世によって断罪されたマイスター・エックハルトの言葉（『キリスト教神秘主義著作集6』（教文館）所収の教皇勅書参照）。
＊5　「創世記」1：26。
＊6　古代教父。ヴァレンティノス達の「偽りのグノーシス」に対して真のグノーシス（覚知）を説いた。主著「ストロマテイス」（『中世思想原典集成1』（平凡社）所収）参照。
＊7　「神名論」「神秘神学」の著者。キリスト教の否定神学的伝統の始原。彼の思想的遺産は西方キリスト教においてエリウゲナやクザーヌスに受け継がれた。『キリスト教神秘主義著作集1』（教文館）参照。

＊8　主著『宗教諸学の再興』で知られるイスラーム法学者、神学者、スーフィー。『中庸の神学』（東洋文庫、平凡社）参照。

＊9　スーフィズムにおける最大の師。主著『メッカ開示』、抄訳はWilliam C. Chittick, *The Sufi Path of Knowledge*（State University of New York Press）参照。彼の学派の思想は存在一性論と呼ばれる。

＊10　カバラー（ユダヤ神秘主義）における最重要古典。Daniel Chanan Matt による英訳 *The Zohar: Pritzker Edition*（Stanford University Press）がある。彼によって校訂されたアラム語原典はスタンフォード大学のホームページで公開されている。

＊11　クルアーン解釈学などのイスラーム諸学を修めた知識人。

＊12　アリストテレス『形而上学』下（岩波文庫）一〇七二参照。

＊13　トマス・アクィナスおよびその学派の思想。

信仰の世界における欠陥

＊1　対神徳　人間を神へと秩序づける徳。『神学大全11』第二-一部第六二問題参照。

＊2　成聖の恩恵　人間を神に結びつける恩寵。『神学大全14』（創文社）第二-一部第一一一問題、『カトリック教会のカテキズム』（カトリック中央協議会）二〇〇〇参照。

＊3　「コリントの信徒への手紙二」10：2参照。

＊4　レオ一世『キリストの神秘』（創文社）参照。

＊5　『神学大全32』（創文社）第三部第二七問第二項参照。

＊6　『カトリック教会のカテキズム』九六六参照。

＊7　「マルコによる福音書」7：8。

＊8　『神学大全1』第一部第一問題第九項参照。

＊9　パウロ書簡「コリントの信徒への手紙二」3：6参照。
＊10　原語は naivety.
＊11　「マタイによる福音書」26：54、「ルカによる福音書」22：37などを参照。

宗派的な思弁――意図と行き詰り

＊1　クルアーン「雌牛の章」2：80。
＊2　クルアーン「ギリシア人の章」30：6。
＊3　護持された書板（ラウフ・マフフーズ）　クルアーン「星座の章」85：22参照。
＊4　代理者　クルアーン「雌牛の章」2：30ほか参照。
＊5　神の霊　クルアーン「ヒジルの章」15：29参照。
＊6　「創世記」3：17、および、ヤーコプ・ベーメ『大いなる神秘』参照。
＊7　クルアーン「家畜の章」6：54。
＊8　クルアーン「ギリシア人の章」30：47。
＊9　「箴言」1：7。
＊10　「ヨハネによる福音書」20：29。

イスラーム秘教の謎と教え

＊1　霊的な人（プネウマティコス・アントローポス）「コリントの信徒への手紙一」2：15参照。
＊2　魂的な人（プシュキコス・アントローポス）　同2：14参照。

信仰の言語における陥穽

＊1 『カトリック教会のカテキズム』（カトリック中央協議会）一三二二以下参照。
＊2 「マタイによる福音書」7：6。
＊3 「ヨハネによる福音書」2章。

反駁不能の宗教

＊1 「ルカによる福音書」2：14。

感情的要素の両義性

＊1 「マタイによる福音書」21：12以下参照。
＊2 エックハルト「高貴なる人間について」（『神の慰めの書』（講談社学術文庫）所収）参照。
＊3 ヒンドゥー教における男性的神格。

心理学主義の欺瞞

＊1 カトリック信徒が、告解の秘跡によって罪の赦しを受ける前に行う内省。
＊2 『老子』（岩波文庫）第七一章参照。
＊3 この言葉は『バガヴァッド・ギーター』（岩波文庫）第四章三十八節のものと思われる。マヌ法典には「知者の言葉は清めの道具」（第十一章八十六節）、「ヴェーダを知る者は、知識の火によっていっさいの罪を焼く」（同二百四十七節）との文言が見出される。『マヌ法典』（中公文庫）参照。
＊4 「マタイによる福音書」16：3。

＊5　中世フランスの代表的神秘家の一人。テンプル騎士団の会則制定に協力した。『神への愛について』（あかし書房）参照。
＊6　『エックハルト説教集』（岩波文庫）説教十七参照。

美徳の匿名性

＊1　聖アウグスティヌス「書簡」第二一一番。
＊2　聖ヴィアンネーのこと。『聖ヴィアンネー』（中央出版社）参照。
＊3　「マタイによる福音書」6：3。
＊4　原語は mental.
＊5　「出エジプト記」3：14、および、「ヨハネによる福音書」8：24参照。

情念と高慢

＊1　「マタイによる福音書」16：25。
＊2　スーフィズムにおける格言。

試練と幸福

＊1　「ルカによる福音書」9：62参照。
＊2　ホメロス『オデュッセイアー』（岩波文庫）第十二書参照。
＊3　聖ベルナルド『雅歌について』（あかし書房）説教第八三番参照。

総括と結論

＊1 「チャーンドーギヤ・ウパニシャッド」第六章（中村元『ウパニシャッドの思想』（中村元選集［決定版］9、春秋社）所収）。

＊2 原語は quiddity. あるものが「何であるか」ということ。

＊3 原語は incommensurability. 共通の尺度がないこと、比類を絶すること。

＊4 原語は Heart.

＊5 原語は art. 語源であるラテン語arsは「わざ」を意味する。

原註への訳註

＊1 「創世記」5：24参照。

＊2 「列王記下」2：11参照。

＊3 「ルカによる福音書」16：22参照。

＊4 「マタイによる福音書」18：7。

＊5 クルアーン「食卓の章」5：73–75、116参照。

＊6 クルアーン「黎明の章」113：2。

＊7 ドイツの自然哲学者。医学・薬学で知られる。J・ヤコビ編『パラケルスス 自然の光』（人文書院）参照。

＊8 ヴォルフガング・スミス『宇宙と超越』（KDP）第七章参照。

＊9 ゲノンのこの論文は *Aperçus sur l'ésotérisme islamique et le taoïsme*（Gallimard）に収録されている。英訳は René Guénon, *Insights into Islamic Esoterism and Taoism*（Sophia Perennis）を参照。

＊10 「テモテへの手紙一」2：15参照。

＊11 「コリントの信徒への手紙一」7章参照。
＊12 シェイクスピア「あらし」第四幕一場。
＊13 Douglas Dewar, *The Transformist Illusion*（Sophia Perennis）参照。
＊14 『般若心経・金剛般若経』（岩波文庫）参照。
＊15 『神曲 地獄篇』（講談社学術文庫）第四歌参照。
＊16 クルアーン「マルヤム章」19：62。
＊17 プロティノス『エネアデス』（『プロティノス全集』（中央公論社）所収）およびトマス・テイラーによるプロクロス『プラトン神学』の注釈を参照。Proclus, *Theology of Plato*（Prometheus Trust）, pp. 46–47.
＊18 神に由来する聖なる力、恩寵。
＊19 ディオゲネス・ラエルティオス『ギリシア哲学者列伝（上）』（岩波文庫）、および、プラトン『プロタゴラス』（岩波文庫）三四三B参照。
＊20 東方正教の修道技法であるヘシュカズムの伝統における一大中心地。ウラジーミル・ロースキィ『キリスト教東方の神秘思想』（勁草書房）参照。
＊21 スーフィー教団の構成員。
＊22 クルアーン「イムラーン家の章」3：40他。
＊23 グレゴリオス・パラマス。東方正教会における最も重要な理論家の一人。ヘシュカズムの実践に理論的支柱を提供した。『フィロカリアⅦ』（新世社）参照。
＊24 クルアーン「イムラーン家の章」3：42。
＊25 クルアーン「女人の章」4：171参照。
＊26 クルアーン「マリヤの章」参照。
＊27 Joseph Lumbard (ed), *Islam, Fundamentalism & the Betrayal of Tradition*（World Wisdom）参照。

＊28 「ヘルメス文書」に依拠して発達した西洋秘教の一形態。その大部分は自然哲学的・錬金術的なものである。Titus Burckhardt, *Alchemy: Science of the Cosmos, Science of the Soul* (Fons Vitae) 参照。

＊29 キリスト教内部の教会一致運動。さらには超宗教的な協力・和合を目指す運動を指して用いられることもある。

＊30 マルシリオ・フィチーノ『ピレボス注解』、ピコ・デッラ・ミランドラ『人間の尊厳について』（いずれも国文社）参照。特に後者は秘教的エキュメニズムの先駆例として重要なものである。

＊31 『神学大全2』（創文社）第一部第十九問題第九項参照。

＊32 イスラーム初期の女性神秘家。アッタール『イスラーム神秘主義聖者列伝』（国書刊行会）参照。

＊33 クルアーンにたびたび登場する堕天使。「雌牛の章」2：34などを参照。

＊34 クルアーン「整列者の章」37：96。

＊35 クルアーン「蜜蜂の章」16：93。

＊36 「出エジプト記」11：10。

＊37 クルアーン「フードの章」11：101。

＊38 クルアーン「光の章」24：45。

＊39 『神学大全2』（創文社）第一部第二十三問題第五項参照。

＊40 クルアーン「女人の章」4：125参照。

＊41 「マタイによる福音書」6：9。

＊42 「マタイによる福音書」5：17。

＊43 ハッラージュの研究で知られるフランスのイスラーム学者。

＊44 スーフィズム研究の古典である『イスラムの神秘主義』（平凡社ライブラリー）の著者。

＊45 預言者ムハンマドの教友の一人。

＊46　イエスの言行録として伝えられるものだが、現代のキリスト教会においては正典としては認められていない。シュオンがここで言及している章句は第十三章である。荒井献『トマスによる福音書』（講談社学術文庫）参照。

＊47　Ibn Arabi, *La profession de foi* (Actes Sud).

＊48　中世アラブのスーフィー詩人。*Umar Ibn Al-Farid: Sufi Verse, Saintly Life* (Paulist Press) 参照。

＊49　『ルバイヤート』（平凡社ライブラリー）の著者として有名な詩人。

＊50　古代キリスト教の著作家。言及されている発言の原形と真意については岩下壮一『カトリックの信仰』（講談社学術文庫）、六七九頁参照。

＊51　「ルカによる福音書」10：42参照。

＊52　二十世紀前半のアルジェリアの高名なスーフィー。シュオンの師。Martin Lings, *A Sufi Saint of the Twentieth Century* (Islamic Texts Society) 参照。

＊53　スコラ哲学者アンセルムスの言葉。「プロスロギオン」第一章参照（『アンセルムス全集』（聖文舎）所収）。

＊54　「ルカによる福音書」1：46以降の聖母の言葉。

＊55　「マタイによる福音書」5章から7章。

＊56　アケメネス朝ペルシアの王。

＊57　「出エジプト記」3章。

訳者解説

フリッチョフ・シュオン、あるいは諸宗教の超越的一性

本書は Frithjof Schuon, *Survey of Metaphysics and Esoterism*（World Wisdom Books）の全訳である。同書はフランス語の二冊の本 *Résumé de métaphysique intégrale* および *Sur les traces de la religion pérenne*（Courrier du Livre）の英訳であり、英訳出版の際に合本として編集された。和訳に際しては、これらの仏語原書も全面的に参照し、正確を期した。仏語原書と英訳の差異については訳註に記すが、一冊の本に編集された際に省かれた一方の序文と数か所のパラグラフを除いては、英訳はほとんど逐語訳と言ってよい極めて忠実な仏語原書の翻訳であり、かつ著者自身による校閲を経たものであるということを付言しておく。

二十世紀の代表的詩人の一人であるノーベル文学賞受賞者T・S・エリオットは、フリッチョフ・シュオンの著作について「東洋と西洋の宗教の比較に関して、これほど感銘を与える著作に私

はこれまで出会ったことはない」と語ったという。シュオンはサイード・フセイン・ナスルを始めとする数多くのイスラーム研究者達にも甚大な影響を与え、――彼の著作『イスラームの哲学者たち』（岩波書店）はシェイフ・イーサー・ヌールッ＝ディーンすなわちシュオンその人に捧げられた――アンリ・コルバンも『イスラーム哲学史』（岩波書店）の参考文献の一つにシュオンの著作である『イスラーム理解のために』を挙げている。シュオンの影響はチベット仏教の西洋への紹介者の一人であるマルコ・パリス、他宗教との対話に取り組んだ著名なカトリック修道士トマス・マートン、『スモール・イズ・ビューティフル』（講談社学術文庫）の著者である経済思想家E・F・シューマッハー、作曲家ジョン・タヴナーなど極めて多方面に及んでおり、仏語・英語でのシュオンの評伝や研究書も多数出版されている。日本においてもイスラーム学者の竹下政孝[*1]、中村廣治郎[*2]や、井筒俊彦の評伝の著者である若松英輔[*3]によるシュオンへの言及があるが、日本の一般読者の大多数には全く未知の思想家であろうと思われるので、以下においてシュオンの伝記的事実および思想の概略を紹介しておきたい。

フリッチョフ・シュオンは一九〇七年六月十八日、スイスのバーゼルに生まれた。父であるパウル・シュオンはバーゼル音楽学校の教授であり、兄のエーリッヒは後にトラピスト会修道士となっている。パウルは東洋の諸宗教に興味を抱いており、少年期のフリッチョフは彼の影響によってヴェーダやバガヴァッド・ギーター、そしてクルアーンを読み始めた。同じころ、生涯の盟友となるティトゥス・ブルクハルトと出会っている（歴史家として著名なヤーコプ・ブルクハルトは彼の大伯父にあたる）。また、あるセネガル人ムスリムと出会い、後に「諸宗教の超越的一性」という彼の思想の萌芽となる着想を授けられた。そのマラブーは、地面に車輪の模様を描き、「神が中心だ。あらゆる道は神に行きつく」と語ったという。白色光がプリズムによって多様な色の光へと分かたれるように、ヒンドゥー教・仏教・ユダヤ教・キリスト教・イスラーム・儒教・道教・シャーマニズム（神道やネイティブアメリカンの宗教）などの伝統的諸宗教は、唯一の真理――シュオンはそれを「永遠の叡智」と呼ぶ――から派生してきた虹のようなものであり、表面的・外形的次元においては対立するように見えても内的次元においては究極的に一致する。これがシュオンの根本的思想である。シュオンは諸宗教の外形的次元を顕教（エグゾテリスム）と呼ぶ。そして彼の言う形而上学（メタフィジックス）とは文字通り、内的次元を秘教（エゾテリスム）を超える現実についての純粋知性による認識であり、それが秘教の核心にほかならない。そして、その認識に到達することが、知性的存在者としての人間の存在理由であり、至福である。

一九二〇年、十三歳のときに父を失い、母マルガレーテはフランス領となっていた故郷のミュルーズで二人の息子を育てることを選択した。ドイツ語圏スイスからフランス語圏アルザスへの環境の変化は思春期の少年シュオンに相当の苦難をもたらしたが、このことが後に彼をフランスの思想家ルネ・ゲノンとの決定的な出会いへと導いたとも言える。父は、死に際して、息子達にカトリックへの入信をすすめ、一年後、シュオンは十四歳で洗礼と堅信を受けた。ロザリオの祈りと聖母崇敬に彼の希求に応えるものを見出したが、しかし、教会に行くことはまもなく止めた。「私は変な余所者であるように感じた」という。一九二三年、十六歳の時、経済的困窮によって学校での勉強を放棄することを余儀なくされ、織物デザイナーとして働き始めた。同時期にプラトンやエックハルトの著作を読み始めている。

一九二四年、十七歳の時に決定的な転機が訪れる。友人から渡された新聞記事によって、彼はルネ・ゲノンの著作と出会った。ゲノンはソルボンヌ大学で哲学と東洋学を学び、秘教的・純粋形而上学的次元における諸伝統教義の一致、そして形骸化した西洋の伝統の再生を説く思想家として、フランスの言論界に登場していた。ゲノンから影響を受けた人物はアカデミックな比較宗教学の大家となったミルチャ・エリアーデから、インド学者アーナンダ・クーマラスワミ、哲学者シモーヌ・ヴェイユ、アンドレ・ブルトン、アントナン・アルトー、レーモン・クノー、アンリ・ボスコのような文学者まで極めて多岐にわたる（Xavier Accart による詳細な研究 *Guénon ou le renversement des clartés: Influence d'un métaphysicien sur la vie littéraire et intellectuelle française*（1920–1970）（EDIDIT）を参照）。シュオンは『東洋と西洋』『ヴェーダーンタによる人間とその生成』『ヒンドゥー教義研究のための一般的序説』『現代世界の危機』といった一連のゲノンの著作を熱心に読み、そこに自らが直観的に感じてきたこと全てを見出した。ゲノンの思想と生涯に関しては、仏文学者・田中義廣による『現代世界の危機』の邦訳『世界の終末』（平河出版社）に行きとどいた解説があるので、ぜひそちらを参照していただきたい。ゲノンとはいくつかの点で違いがあるにせよ、諸宗教の究極的な一致、諸宗教の中核としての「永遠の叡智」を説くシュオンの思想は、ゲノンの著作との出会いによって明確な形を取るに至ったのである。

一九二八年、看護兵として従軍したのち、一九二九年、大恐慌の直後にシュオンはパリに移住し、サンスクリット語とアラビア語を学び始める。西洋近代文明に対する更なる嫌悪感と共にイスラームへの関心が高まっていく。一九三一年にはゲノンに最初の手紙を書いた。

一九三二年、ドイツ語による最初の著作である『瞑想のための指針』を仕上げた後（出版は一九三五年）、シュオンはヨーロッパ脱出を試みた。その途上で彼は、アルジェリアのモスタガネムにあるスーフィー教団のシェイフ、アル・アラウィーの弟子達との運命的な邂逅に至る。シュオンは彼らと共にモスタガネムに赴き、イスラームに帰依し、シェイフの弟子となった。正統的な秘教組織への参入、その指導と修行によって、彼の認識が急速な拡張を遂げたことは想像に難くない。モスタガネム滞在中に、後に事実上のゲノンの雑誌『伝統研究』となる『イシスのヴェール』誌に最初の論文「一神教的伝統の三つの側面」を寄稿している（一九三三年六月号に掲載）。以後、シュオンは同誌への寄稿を続け、一九五一年のゲノンの死に至るまで、紆余曲折はあるが、彼はゲノンにとって『伝統研究』誌上における最も重要な協力者の一人となる。

一九三八年にはカイロで、長年文通を続けていたゲノンとの面会を果たす。一九三九年にはインドに向かうが、第二次世界大戦の勃発によりフランスへの帰国を余儀なくされ、従軍し数ヵ月後に捕虜となった。母がアルザス出身であるために自分がドイツ軍によって動員されようとしていることとを知ったシュオンはスイスへの脱走を敢行し、以後約四十年間はローザンヌで生活することになる。一九四八年にフランス語による最初の著作『諸宗教の超越的一性』が、フランス最大手出版社であるガリマール社によって刊行される（英訳の出版は一九五三年）。一九四九年に結婚。このローザンヌ時代に旺盛な著作活動を続けつつ、日本の鈴木大拙[*4]、久松真一[*5]、坂東性純[*6]、ヒンドゥー教の権威であるカンチーの第六十八代ジャガドグル[*7]、スワミ・ラムダス[*8]、チベット僧ロブサン・ラルンパ、ネイティブ・アメリカンのメディスンマンであるブラック・エルク[*9]など、多くの東西の宗教思想家達と文通や面会で交流した。一九五九年にはアメリカを初めて訪問し、ネイティブ・アメリカンのラコタ族の一員として受け入れられる。一九六一年には彼の最も有名な著作の一つである『イスラーム理解のために』がガリマールから出版された。同書は英語、ドイツ語、イタリア語、スペイン語、ポルトガル語、アラビア語、トルコ語、インドネシア語に翻訳されて版を重ね、イスラーム諸国において広範に認知されている。また同書の英訳にはスーフィズム研究の世界的権威である元ハーヴァード大学教授アンネマリ・シンメルが序文を寄せた。

アメリカへの断続的訪問を続けていたシュオン夫妻は一九八〇年にインディアナ州ブルーミントンへ移住した。ネイティブ・アメリカンとの交流を続けつつスーフィー教団の師として後進の指導も行い、晩年にはドイツ語の詩を多数書いている。一九九八年五月五日、神の名を唱えつつ平安のうちに死去した。

以上がフリッチョフ・シュオンの生涯の概略である。本書『形而上学とエゾテリスム』は、彼の思想の高度な核心部分をこの上もなく明晰な言葉で表現したものであり、私見では彼の最重要著作である。心ある読者は本書の中に、ヴェーダーンタ、仏教、プラトニズム、スーフィズム、スコラ哲学、ドイツ神秘主義に及ぶ該博な宗教的知識とスーフィーとしての実体験に基づく叡智の言葉の輝きを目の当たりにして驚愕されることであろう。

†

この訳書の出版は小林公二氏を始めとする春秋社の皆様方の御理解と御協力なしには不可能でした。また草稿の段階でシュオン研究者・金田一輝氏に御意見を頂きました。皆様に深く感謝いたします。

漆原　健

註

＊1　ラレ・バフティヤル『イメージの博物誌　スーフィー』（平凡社）解説参照。

＊2　「フリッチョフ・シュオンの宗教一元論」（『宗教研究』第八二巻三五九第四号（日本宗教学会）所収）、および、鶴岡賀雄編『スピリチュアリティの宗教史』下巻（リトン）参照。

＊3　『井筒俊彦　叡知の哲学』（慶應義塾大学出版会）参照。

＊4　世界的な禅学者。著作に『日本的霊性』（岩波書店）など。

＊5　西田幾多郎門下の学者、禅者。京都大学教授、ハーヴァード大学客員教授。著作に『覚の哲学』（燈影舎）など。

＊6　浄土真宗僧侶、大谷大学教授。大拙の英文著作『神秘主義』（岩波書店）の翻訳者でもある。

＊7　Michael Fitzgerald（ed.）, *Introduction to Hindu Dharma*（World Wisdom）参照。

＊8　二十世紀の高名なヒンドゥー教の師の一人。著作に *In the Vision of God*（Blue Dove Press）など。

＊9　Joseph Epes Brown, *The Sacred Pipe: Black Elk's Account of the Seven Rites of the Oglala Sioux*（University of Oklahoma Press）参照。

なお、解説の執筆には、Patrick Laude, Jean-Baptiste Aymard, *Frithjof Schuon: Life and Teachings*（State University of New York Press）を参考にした。

索引

あ行

か行

さ行

た行

な行

は行

ま行

や行

ら行

参考文献

フリッチョフ・シュオンの主要著作

原著初版のみを挙げる。完全な書誌情報は http://www.frithjof-schuon.com/bib2.htm を参照。

『瞑想のための指針』
Leitgedanken zur Urbesinnung. Zürich: Orell Füssli Verlag, 1935.
『諸宗教の超越的一性』
De l'Unité transcendante des religions. Paris: Gallimard, 1948.
『心の眼』
L'Oeil du cœur. Paris: Gallimard, 1950.
『霊的諸観点と人間的事実』
Perspectives spirituelles et faits humains. Paris: Cahiers du Sud, 1953.
『覚知の道』
Sentiers de gnose. Paris: La Colombe, 1957.
『カーストと人種』
Castes et races. Lyon: Derain, 1957.
『叡智の階梯』
Les Stations de la sagesse. Paris: Buchet/Chastel-Corréa, 1958.
『自己の言語』
Language of the Self. Madras: Ganesh, 1959.
『霊の像：神道、仏教、ヨーガ』
Images de l'Esprit: Shinto, Bouddhisme, Yoga. Paris: Flammarion, 1961.
『イスラーム理解のために』
Comprendre l'Islam. Paris: Gallimard, 1961.
『古代世界への視線』
Regards sur les mondes anciens. Paris: Éditions Traditionnelles, 1968.
『論理と超越』
Logique et transcendance. Paris: Éditions Traditionnelles, 1970.
『諸宗教における形態と実質』
Forme et substance dans les religions. Paris: Dervy-Livres, 1975.
『原理と道としてのエゾテリスム』
L'Ésotérisme comme principe et comme voie. Paris: Dervy-Livres, 1978.
『スーフィズム――ヴェールと本質』
Le Soufisme, voile et quintessence. Paris: Dervy-Livres, 1980.

『キリスト教／イスラーム：秘教的エキュメニズムのヴィジョン』
Christianisme/Islam: visions d'œcuménisme ésotérique. Milan: Archè, 1981.
『神的なものから人間的なものへ』
Du Divin à l'humain. Paris: Le Courrier du Livre, 1981.
『永遠の宗教の跡について』
Sur les traces de la Religion pérenne. Paris: Le Courrier du Livre, 1982.
『宗教的現象へのアプローチ』
Approches du phénomène religieux. Paris: Le Courrier du Livre, 1984.
『完全な形而上学の要約』
Résumé de métaphysique intégrale. Paris: Le Courrier du Livre, 1985.
『中心を持つこと』
Avoir un centre. Paris: Maisonneuve & Larose, 1988.
『人間的状態の根源』
Racines de la condition humaine. Paris: La Table Ronde, 1990.
『フェザード・サン：芸術と哲学における平原インディアン』
The Feathered Sun: Plains Indians in Art and Philosophy. Bloomington, IN: World Wisdom Books, 1990.
『仮面の戯れ』
Le Jeu des Masques. Paris: L'Âge d'Homme, 1992.
『人間の変容』
La Transfiguration de l'Homme. Paris, L'Âge d'Homme, 1995.

英訳アンソロジー

Seyyed Hossein Nasr (ed.), *The Essential Frithjof Schuon*, World Wisdom, 2005.
James S. Cutsinger (ed.), *Splendor of the True: A Frithjof Schuon Reader*, State University of New York Press, 2013.

シュオンに関する研究書・特集

Connaissance des religions, Frithjof Schuon (1907–1998): Connaissance et Voie d'intériorité, biographie, études et témoignages, Le Courrier du Livre, 1999.
Patrick Laude et Jean-Baptiste Aymard (éd.), *Frithjof Schuon,* Lausanne, L'Age d'Homme ,2002.
Kenneth Oldmeadow, *Traditionalism: Religion in the Light of the Perennial Philosophy*. Colombo: Sri Lanka Institute of Traditional Studies, 2000.
Jean-Baptiste Aymard and Patrick Laude, *Frithjof Schuon: Life and Teachings*. State University of New York Press, 2004.

Harry Oldmeadow, *Frithjof Schuon and the Perennial Philosophy*. World Wisdom, 2010.
Michael Fitzgerald, *Frithjof Schuon: Messenger of the Perennial Philosophy*. World Wisdom, 2010.

著者

フリッチョフ・シュオン　*Frithjof Schuon*

1907年、スイスに生まれる。宗教思想家。アルジェリアの高名なスーフィーであるアフマド・アル＝アラウィーの弟子となり修行。世界各地の宗教家と交流しイスラームのみならずユダヤ教、キリスト教、ヒンドゥー教、仏教、道教、神道、ネイティブアメリカンの思想を学ぶ。1948年の著作「諸宗教の超越的一性」はノーベル文学賞受賞者T・S・エリオットに激賞された。伝統的諸宗教の形而上学的核心を明快に説くその諸著作は十数ヵ国語に翻訳されE・F・シューマッハー等数多くの知識人に甚大な影響を及ぼし、アンネマリ・シンメル等の研究者達によっても高く評価されている。1998年死去。

訳者

漆原　健　*Ken Urushihara*

1970年生まれ。東京大学法学部卒。ルネ・ゲノン、フリッチョフ・シュオンを始めとする「伝統主義学派」の研究・翻訳を行う。訳書に、ヴォルフガング・スミス『宇宙と超越』、ルネ・ゲノン『量の支配と時の徴』『形而上学序説』がある。ツイッターアカウント：@urushiharaken

形而上学とエゾテリスム

2015年11月25日　第1刷発行

著者――――フリッチョフ・シュオン
訳者――――漆原　健
発行者―――澤畑吉和
発行所―――株式会社 春秋社
〒101-0021 東京都千代田区外神田 2-18-6
電話 03-3255-9611
振替 00180-6-24861
http://www.shunjusha.co.jp/
印刷――――株式会社 シナノ
製本――――黒柳製本 株式会社
装丁――――野津明子

ISBN978-4-393-33339-6
定価はカバー等に表示してあります